TOP10
VENEDIG

GILLIAN PRICE

W0040431

Highlights

Themen

Inhalt

Stadtteile

Reise-Infos

Die Top-10-Listen in diesem Buch sind nicht nach Rängen oder Qualität geordnet. Alle zehn Einträge sind in den Augen des Herausgebers von gleicher Bedeutung.

Umschlag Vorderseite & Buchrücken Vertäute Gondeln am Canal Grande, im Hintergrund die Rialtobrücke
Umschlag Rückseite Blick auf den Palazzo Ducale und die Riva degli Schiavoni
Titelseite Bacino di San Marco bei Sonnenuntergang

Die Informationen in diesem Top-10-Reiseführer werden regelmäßig aktualisiert.

Angaben wie Telefonnummern, Öffnungszeiten, Adressen, Preise und Fahrpläne können sich jedoch ändern. Der Verlag kann für fehlerhafte oder veraltete Angaben nicht haftbar gemacht werden. Für Hinweise, Verbesserungsvorschläge und Korrekturen ist der Verlag dankbar. Bitte richten Sie Ihr Schreiben an:
Dorling Kindersley Verlag GmbH
Redaktion Reiseführer
Arnulfstraße 124 • 80636 München
travel@dk-germany.de

Willkommen in
Venedig

Vorbeigleitende Gondeln, Sonnenuntergänge über der Lagune, Palazzi, Karnevalsmasken, ein kühler Spritz im Straßencafé – das alles gehört zu »La Serenissima«. In Venedig scheint die Zeit stillzustehen, nicht zuletzt, weil Sie hier keinem einzigen Auto begegnen. Da wundert es nicht, dass viele Besucher gern wiederkommen und sich erneut verzaubern lassen. Mit dem _Top 10 Venedig_ lässt sich die schöne Stadt bestens erkunden.

Stürzen Sie sich ins Getümmel der einzigartigen Lagunenstadt, um die **Piazza San Marco** zu besuchen, die **Basilica di San Marco** und den **Palazzo Ducale** zu besichtigen oder den **Ponte di Rialto** zu beschreiten. Wenige Schritte abseits der großen Sehenswürdigkeiten finden sich zum Ausgleich für das dortige Gedränge stets eine stille Gasse, ein friedlicher Platz oder ein romantischer Kanal, wo sich erholsame Ruhe bietet.

Die autofreie Stadt lädt zum Schlendern und zum Verweilen ein. Bummeln Sie durch edle Boutiquen und kleine Kunsthandwerksläden, setzen Sie sich am lebhaften **Campo Santa Margherita** in ein Café und sehen Sie beim Cappuccino den Passanten zu, besteigen Sie ein _vaporetto_ und bewundern Sie die herrlichen **Palazzi** von der Wasserseite, an der sie ihre ganze Pracht zeigen. Die erstklassigen **Museen** bergen Glanzlichter der europäischen Kunstgeschichte.

Ob Sie nur ein Wochenende oder länger Zeit haben: Unser _Top 10_ beschreibt Venedigs schönste Sehenswürdigkeiten – vom weltberühmten **Canal Grande** über die faszinierende Kunstsammlung der **Gallerie dell'Accademia** bis zu idyllischen Inseln wie **Murano** und **Torcello**. Hinzu kommen nützliche Tipps, wie man Venedig zum Nulltarif genießt oder Besucherströme meidet, sowie übersichtliche Routenvorschläge, die Sie in kurzer Zeit zu möglichst vielen Attraktionen führen. Schöne Fotos und detaillierte Karten komplettieren den handlichen und unverzichtbaren Reisebegleiter. **Viel Spaß mit dem Buch und viel Spaß in Venedig.**

Im Uhrzeigersinn von oben: Kirche Il Redentore auf Giudecca, Markuslöwe auf der Piazza San Marco, Mosaik in der Basilica di San Marco, Canal Grande, Karnevalsmaske, Gondeln vor San Giorgio Maggiore, bunte Häuser auf Burano

Venedig entdecken

In Venedig kann man sich wunderbar treiben lassen – auf den Kanälen und durch die Gassen. Wer die Highlights nicht versäumen will, findet hier Vorschläge für einen zweitägigen und einen viertägigen Aufenthalt.

Wer den Canal Grande entlangfährt, erlebt Venedig in seiner ganz besonderen Pracht.

Zwei Tage in Venedig

Tag ❶
Vormittags
Besichtigen Sie die eindrucksvolle **Basilica di San Marco** *(siehe S. 12–15)*, bevor Sie sich ein wenig auf der berühmten **Piazza San Marco** *(siehe S. 20f)* umsehen. Der **Campanile** bietet besten Überblick.

Nachmittags
Nach einem Besuch im **Palazzo Ducale** *(siehe S. 16–19)* besteigen Sie ein *vaporetto* und fahren den Canal Grande *(siehe S. 24f)* entlang – unter **Ponte dell'Accademia** und **Ponte di Rialto** *(siehe S. 58)* hindurch bis zur **Piazzale Roma**.

Tag ❷
Vormittags
Bestaunen Sie venezianische Kunst in den **Gallerie dell'Accademia** *(siehe S. 30f)*. Danach spazieren Sie zum **Campo Santa Margherita** *(siehe S. 38f)* und gönnen sich dort einen Imbiss.

Nachmittags
Ganz in der Nähe lockt das gotische Meisterwerk **Santa Maria Gloriosa dei Frari** *(siehe S. 32f)* und dann ein Bummel über den **Campo San Polo** und durch die umliegenden Gassen.

Vier Tage in Venedig

Tag ❶
Vormittags
Einen tollen ersten Eindruck von Venedig erhält man auf der **Piazza San Marco** *(siehe S. 20f)*. **Campanile** oder **Torre dell'Orologio** (vorher reservieren) ermöglichen einen Blick von oben. Leisten Sie sich eine teure Tasse Kaffee im legendären **Caffè Florian** *(siehe S. 21)*, bevor Sie die Mosaiken in der **Basilica di San Marco** *(siehe S. 12–15)* bewundern.

Nachmittags
Nach einem guten Mittagessen und etwas Ruhe wartet der labyrinthische **Palazzo Ducale** *(siehe S. 16–19)*, einst Zentrum der Macht, auf einen Besuch. Übersehen Sie dabei die berühmte Seufzerbrücke nicht.

Der Palazzo Ducale prägt das Bild, wenn man sich Venedigs Hauptplatz, der Piazza San Marco, vom Wasser aus nähert.

Die Insel Burano lockt mit bunten Häusern und wohltuender Ruhe, aber auch die Bootsfahrt dorthin ist reizvoll.

Tag ❷
Vormittags
Von der **Piazzale Roma** (oder der Stazione Santa Lucia) geht es mit dem *vaporetto* den **Canal Grande** *(siehe S. 24f)* entlang und hindurch unter dem **Ponte di Rialto** *(siehe S. 58)* – Linie 1 hält an jeder Anlegestelle, Linie 2 nur an den wichtigsten. Am Anleger **Salute** erwartet Sie die **Punta della Dogana** *(siehe S. 98)*.
Nachmittags
Schlendern Sie die sonnigen **Zattere** *(siehe S. 97)* entlang, bevor Sie der **Collezione Peggy Guggenheim** *(siehe S. 40f)* einen Besuch abstatten.

Tag ❸
Vormittags
Gehen Sie früh zum **Mercato di Rialto** *(siehe S. 34f)*, um die vielen frischen Waren zu bestaunen. Von dort ist es nicht weit zur Kirche **Santa Maria Gloriosa dei Frari** *(siehe S. 32f)* – ein Prachtstück venezianischer Gotik.

Nachmittags
Auf dem **Campo Santa Margherita** *(siehe S. 38f)* reihen sich Cafés und Restaurants – ideal für ein Mittagessen. Gestärkt sehen Sie sich anschließend in den **Gallerie dell'Accademia** *(siehe S. 30f)* venezianische Kunst durch die Jahrhunderte an.

Tag ❹
Vormittags
Eine entspannte Fährfahrt bringt Sie von den **Fondamente Nove** in die nördliche Lagune. Auf **Torcello** *(siehe S. 36f)* sind in der Basilika byzantinische Mosaiken zu bestaunen. Essen Sie auf **Burano** *(siehe S. 117)* oder auf **Mazzorbo** *(siehe S. 117)* zu Mittag.
Nachmittags
Über **Treporti** und die **Punta Sabbioni** *(siehe S. 119)* geht es dann zum **Lido** *(siehe S. 123f)*, wo Strand und Flair locken. Genießen Sie auf der Rückfahrt den grandiosen Blick, wenn Sie San Marco anlaufen.

Highlights

Blick vom Ponte dell'Accademia auf die Basilica di Santa Maria della Salute

TOP 10 Highlights

Venedig ist eine der romantischsten Städte der Welt, ganz auf Wasser erbaut und autofrei. Enge Gassen, belebte Kanäle, luxuriöse Paläste, prachtvolle Kirchen und farbenfrohe Märkte – alles ist seit Jahrhunderten unverändert. Nur wenige Städte besitzen so eine Fülle an Sehenswürdigkeiten.

Basilica di San Marco ❶

Die märchenhafte Kathedrale ist im byzantinischen Stil erbaut. Fassade und Innenraum wurden im Lauf der Jahrhunderte mit Mosaiken und Kunstwerken verschönert *(siehe S. 12–15)*.

❷ Palazzo Ducale

900 Jahre lang war der Dogenpalast das Machtzentrum der Stadt. Besucher, die das Labyrinth der prunkvollen Räume durchwandern, erhalten Einblick in den Luxus, der die Staatsgeschäfte hier stets begleitete *(siehe S. 16–19)*.

❸ Piazza San Marco

Opulenter Reichtum prägt den »vornehmsten Salon Europas«, wie Napoléon die elegante Piazza einst betitelte. Alles auf dem Markusplatz bezeugt eindrucksvoll die glorreiche Vergangenheit Venedigs *(siehe S. 20–23)*.

❹ Canal Grande

Auf der majestätischen Wasserstraße verkehren Boote aller Art. Manche der Palazzi am Ufer stehen dort schon seit dem 13. Jahrhundert *(siehe S. 24–27)*.

5 Gallerie dell'Accademia

Die unübertroffene Sammlung begeistert mit Meisterwerken von Tizian, Bellini und Giorgione *(siehe S. 30f)*.

Santa Maria Gloriosa dei Frari 6

Hinter der Backsteinfassade verbirgt sich ein gotisches Interieur mit eindrucksvoller Kunst *(siehe S. 32f)*.

7 Mercato di Rialto

Auf dem Rialtomarkt am Ufer des Canal Grande werden seit dem Mittelalter Fisch, Obst und Gemüse angeboten *(siehe S. 34f)*.

Torcello 8

Eine Bootsfahrt über die Lagune bringt Sie zu dieser grünen Insel, auf der sich die erste Siedlung Venedigs befand *(siehe S. 36f)*.

9 Campo Santa Margherita

Der herrliche Platz zeigt eine große architektonische Vielfalt und ist dank seiner Marktstände und Cafés Tag und Nacht mit Leben erfüllt *(siehe S. 38f)*.

10 Collezione Peggy Guggenheim

Ein Palazzo am Canal Grande beheimatet Italiens führendes Museum für moderne europäische und amerikanische Kunst *(siehe S. 40f)*.

TOP 10 ⭐ Basilica di San Marco

Die byzantinische Basilika auf der Piazza San Marco wurde aus zwei Gründen derart reich ausgeschmückt: Sie sollte die Macht der Republik Venedig verkörpern und eine angemessene Ruhestätte für den Evangelisten Markus darstellen. Inmitten von 8000 Quadratmetern Mosaiken, östlichen Schätzen und 500 Säulen – teils aus dem 3. Jahrhundert – fanden Krönungsfeiern, Dogenbegräbnisse und Prozessionen statt.

Westfassade ①

Herrliche Kuppeln, Säulen, Bogen und Spitztürme *(rechts)* kombiniert mit Marmorstatuen und glänzenden Mosaiken empfangen Besucher auf der Piazza San Marco. Am nördlichsten Bogen zeigen Mosaiken aus dem 13. Jahrhundert die Basilika selbst. Andere Mosaiken stammen aus dem 17. und 18. Jahrhundert.

② Vorhallenmosaiken

Die Mosaiken *(oben)* – Blattgold auf Glas – mit Szenen aus dem Alten Testament wurden in byzantinischer Tradition geschaffen. Die konzentrischen Kreise der Kuppel aus dem 13. Jahrhundert erzählen 24 Episoden aus der *Genesis* nach.

③ Boden

Das Meisterwerk aus vielfarbigen, uneben verlegten Mosaiksteinen erinnert ans Meer. Kunstvolle geometrische Muster und Tierformen wechseln sich ab.

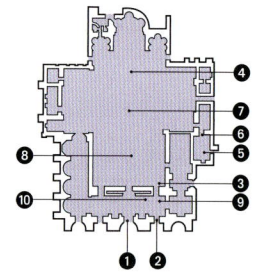

Pala d'Oro ④

Das goldene Altarbild *(rechts)* wurde 976 in Konstantinopel in Auftrag gegeben und im Lauf der Jahrhunderte mehrmals ergänzt. Es besteht aus 250 Tafeln, die mit 1927 Edelsteinen und Emaille-Malereien geschmückt sind.

Bau der Basilika

Schon 829 wurde hier eine Kirche erbaut, sie fiel jedoch 976 einer Revolte zum Opfer. Die Basilika mit dem Grundriss eines griechischen Kreuzes und den fünf Kuppeln stammt aus dem Jahr 1071. Der Baumeister ist über dem Hauptportal abgebildet, wie er sich ärgerlich in die Finger beißt.

Himmelfahrtskuppel ⑦

Die Hauptkuppel *(rechts)* zeigt Szenen aus dem Neuen Testament. Christus umringen Darstellungen der Tugenden. Die Mosaiken stammen aus dem 13. Jahrhundert.

⑧ Pfingstkuppel

Die vermutlich erste Kuppel der Basilika, die mit Mosaiken verziert wurde, zeigt die Ausgießung des Heiligen Geistes, der als Flamme über den zwölf Aposteln erscheint.

⑨ Museo di San Marco

Das Basilika-Museum birgt auch die Originale der berühmten vier vergoldeten Pferde von der Loggia dei Cavalli. Die Bronzen – Beute aus dem Vierten Kreuzzug – zierten einst das Hippodrom in Konstantinopel.

Loggia dei Cavalli ⑩

Auf dem Balkon, der die Piazza San Marco überblickt, stehen Kopien der stolzen Pferde *(rechts)*, die sich heute im Museum befinden. Die Dimensionen und Stile der Säulendekore verraten deren unterschiedliche Herkunft.

Tetrarchen ⑤

Die Figuren von Diokletian, Maximian, Constantius und Galerius *(unten)* wurden 1204, beim Vierten Kreuzzug, aus Konstantinopel geraubt. Während der Herrschaft der vier Kaiser (293–313) entstanden viele solcher Statuen.

⑥ Schatzkammer

Die Schätze der Basilika umfassen emaillierte Kelche, die von mittelalterlichen Gold- und Silberschmieden gefertigt wurden, sowie Reliquien von östlichen Eroberungszügen, zu denen auch ein Stück vom Heiligen Kreuz gehört.

Infobox

Karte Q5 ▪ Piazza San Marco ▪ +39 041 270 8311
▪ www.basilicasanmarco.it

▪ Mo – Sa 9.30 –17.15 Uhr, So 14 –17.15 Uhr

▪ Eintritt frei (»Skip the Line«-Ticket 3 €, unter 6 Jahren frei); für Pala d'Oro & Schatzkammer 5 €

Museo di San Marco: tägl. 9.30 –17.15 Uhr
▪ Eintritt 7 €, unter 6 Jahren frei

▪ Um Warteschlangen zu vermeiden, empfiehlt es sich, Tickets online zu erwerben. Große Taschen muss man vor Eintritt in die Basilika abgeben.

▪ Besuchen Sie die Basilica di San Marco am besten gegen Abend, wenn die letzten Sonnenstrahlen die Fassade in goldenes Licht tauchen. Für die Betrachtung der Mosaiken ist ein Fernglas hilfreich.

▪ Führungen – auf Italienisch oder Englisch – kann man unter www.alata.it buchen.

Architektur der Basilika

(1) Galerien
Die Emporen spiegeln die östliche Tradition der Geschlechtertrennung wider: Sie waren bei der Andacht einzig den Frauen vorbehalten. Besucher haben hier keinen Zutritt.

(2) Steinplatten
Die Backsteinfassade wurde etwa um das Jahr 1100 mit Steinplatten aus dem Osten verkleidet, deren Längsschnitt einen kaleidoskopischen Effekt bewirkt.

(3) Romanische Steinmetzarbeiten
Bei den zwischen 1235 und 1265 entstandenen Steinmetzarbeiten über dem Hauptportal sind Spuren der ursprünglichen Farbe zu sehen.

(4) »Siegbringerin«
Die byzantinische Ikone hat einen Ehrenplatz in der Madonna-Nicopeia-Kapelle. Sie soll vom heiligen Lukas geschaffen worden und wundertätig sein.

(5) Baptisterium
Rund 700 Jahre alte Mosaiken mit Szenen aus dem Leben des heiligen Johannes zieren die Taufkapelle, die auch das Grab des Baumeisters Sansovino *(siehe S. 55)* birgt und nur fürs Gebet betreten werden darf.

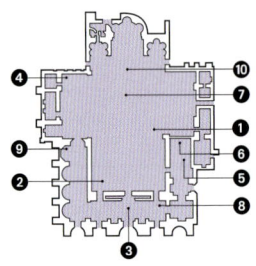

Taufbecken im Baptisterium

(6) Cappella Zen
Der Schmuck dieser kleinen Kapelle wurde 1521 für das Begräbnis von Kardinal Zen geschaffen, um ihn dafür zu ehren, dass er seinen Besitz dem Staat hinterlassen hatte.

Prächtige Ikonostase

(7) Ikonostase
Die Trennwand zwischen Hauptschiff und Altarraum zieren gotische Statuen von Maria und den Aposteln, die die Brüder Masegne 1394 schufen.

(8) Byzantinisches Gitterwerk
Unter dem Einfluss der östlichen Architektur wurden alle drei Fassaden der Basilika, die Vorhalle und die Loggia mit grazilen Mustern und Gitterwerk aus Stein verziert.

(9) Porta dei Fiori
Das »Portal der Blumen« an der Nordfassade zeigt unter maurischen Bogen ein Bild der Geburt Christi aus dem 13. Jahrhundert.

(10) Altarsäulen
Vier reich verzierte Säulen aus Alabaster und Marmor tragen einen Baldachin beim Altar, unter dem die Gebeine des heiligen Markus ruhen.

Der heilige Markus, Schutzpatron von Venedig

Der byzantinische Kaiser hatte eigentlich Theodore, den Schutzheiligen von Byzanz, auch zu Venedigs Schutzpatron erklärt, doch die junge Republik wollte einen »eigenen« Heiligen. Zwei venezianische Händler raubten 828 den Leichnam des Evangelisten Markus aus einem Kloster in Alexandria, indem sie ihn unter Schweinefett vor den muslimischen Wachen verbargen. Ihr Empfang in Venedig war triumphal und die Geschichte wurde in Gemälden und Mosaiken verewigt. Jahrelang waren die Gebeine verschollen, bis 1094 – angeblich als Antwort auf ein Gebet – ein Arm auf wundersame Weise eine Säule durchbrach (gekennzeichnet durch ein kleines Kreuz links vom Sakramentsaltar). Nun ruht der Heilige unterhalb des Hauptaltars in der Basilika. Der Markuslöwe – ein geflügelter Löwe, oft mit Buch und erhobener Pranke – war in der Republik als Zeichen venezianischer Vorherrschaft allgegenwärtig. Manchmal wurde er als Symbol für die

Lage Venedigs mit zwei Pfoten im Meer und zwei Pfoten auf Land dargestellt. Vor allem im Palazzo Ducale ist er oft zu sehen.

Das Wunder der Kreuzreliquie am Rialto (um 1494) von Vittore Carpaccio

Reliquien

1 Milch der Jungfrau Maria, Schatzkammer *(siehe S. 13)*

2 Blut Christi, Schatzkammer

3 Nagel vom Kreuz Christi, San Pantalon *(siehe S. 49)*

4 Dorn der Krone Christi, Schatzkammer

5 Gebeine des heiligen Markus, Basilica di San Marco

6 Gebeine der heiligen Luzia, San Geremia, Cannaregio

7 Drei Steine von der Steinigung des heiligen Stefan, Schatzkammer

8 Schädel Johannes' des Täufers, Schatzkammer

9 Bein des heiligen Georg, Schatzkammer

10 Fuß der heiligen Katharina von Siena, Santi Giovanni e Paolo *(siehe S. 48)*

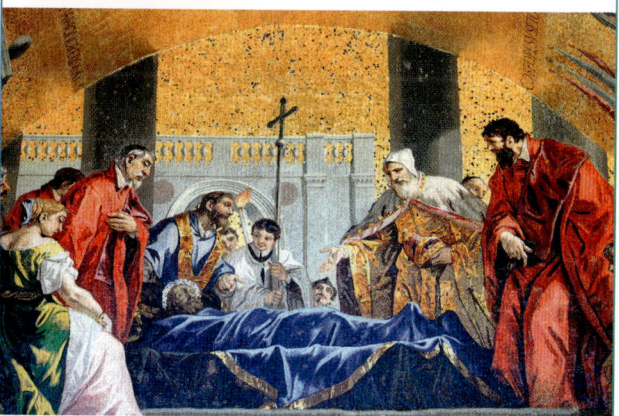

Dieses Mosaik in der Basilica di San Marco zeigt den Dogen und einige Magistrate in Amtskleidung, wie sie den Leichnam des heiligen Markus ehren.

TOP10 ⭐ Palazzo Ducale

Der Dogenpalast, ein Mix aus byzantinischer, gotischer und Renaissancearchitektur, war die Residenz der 120 Dogen, die Venedig von 697 bis 1797 regierten. Im 9. Jahrhundert war er noch eine Festung, wurde erweitert, nach Bränden wiederhergestellt und im 16. Jahrhundert von den Baumeistern Antonio Rizzo und Pietro Lombardo in den heutigen eleganten Bau verwandelt. Für die Ausschmückung sorgten Künstler wie Tizian, Tintoretto und Bellini.

1 Fassade
Eine Fassade zeigt zum Meer (oben), die andere zur Piazzetta. Über den 36 Säulen der Arkaden aus istrischem Stein erhebt sich der Palast aus weißem und rosarotem Marmor.

2 Sala del Senato
In dem Saal (unten), in dem der Senat mit dem Dogen über Kriege, Außenpolitik und Handel debattierte, tickten zwei außergewöhnliche Uhren: eine mit 24-Stunden-Zifferblatt, eine mit Tierkreiszeichen.

3 Waffenarsenal
Die faszinierende, wenngleich ein wenig erschreckende Sammlung birgt äußerst imposante Schuss- und Ritualwaffen sowie Rüstungen aus Ost und West (links). Unter den Kriegstrophäen findet sich auch eine türkische Standarte aus der Seeschlacht von Lepanto (1571).

4 Kerker
Ein faszinierendes Labyrinth aus Zellen, Korridoren und Treppen erstreckt sich auf beiden Seiten des Kanals. 1765 gelang Casanova (siehe S. 50) eine dramatische Flucht übers Dach. Im »neuen Gefängnis«, das bis in die 1940er Jahre genutzt wurde, sind Inschriften von Gefangenen zu sehen.

Großer Rat

Das Gremium, das den Dogen wählte und Gesetze erlassen konnte, hatte Mitte des 16. Jahrhunderts rund 2000 Mitglieder. Venezianische Adelsmänner über 25 Jahre hatten – sofern sie nicht mit einer Bürgerlichen verheiratet waren – Anspruch auf einen Sitz im Rat. Ab 1646 konnten Kaufleute für 100 000 Dukaten einen Sitz erwerben.

Scala d'Oro ⑦

Die Deckenfresken der »Goldenen Treppe« *(rechts)*, über die Ehrengäste in den ersten Stock geleitet wurden, sind mit 24-karätigem Blattgold gerahmt. Jacopo Sansovino *(siehe S. 55)* entwarf die Prachttreppe, Antonio »Lo Scarpagnino« Abbondi stellte sie 1559 fertig.

⑤ Ponte dei Sospiri

Eine der berühmtesten Brücken der Welt, die Seufzerbrücke *(oben)* aus dem frühen 17. Jahrhundert, verbindet den Palast mit den Kerkern. Für den Namen sorgten wohl die Seufzer der Verurteilten beim letzten Blick auf Himmel und Meer.

⑥ Sala dello Scudo

Riesige Globen *(unten)* und gemalte Landkarten der 1762 bekannten Welt machen diesen Saal eindrucksvoll. Eine Ostasienkarte verzeichnet Marco Polos Reisen nach China – samt Kamelen, Nashörnern und den unerforschten Ländern der Menschenfresser.

⑧ Sala del Maggior Consiglio

Den Saal des Großen Rates zieren Gemälde von venezianischen Siegen und ein Fries mit 76 Dogen. Ein schwarzer Vorhang repräsentiert den Verräter Marino Falier.

⑨ Porta della Carta

Der frühere Haupteingang *(links)* – heute Besucherausgang – besitzt ein schönes Portal der Familie Bon von 1438. Der Name »Papiertor« stammt von den einst hier angeschlagenen Edikten.

⑩ Wohnräume des Dogen

Die Gesellschaftsräume sind mit Brokat, vergoldeten Decken, großen Kaminen, Friesen und vielen Kunstwerken versehen.

Infobox

Karte R5 ■ Piazza San Marco ■ +39 041 271 5911 ■ www.palazzoducale.visitmuve.it

■ tägl. 10–18 Uhr; 1. Jan & 25. Dez geschl.

■ Eintritt 25 € (ermäßigt 13 €), unter 6 Jahren frei

■ Tour »Itinerari Segreti« (ca. 75 Min.): tägl. 11.30 Uhr (ital.) und 10.15 Uhr (engl.) nach Anmeldung (online oder unter +39 041 4273 0892); Eintritt 28 € (erm. 15 €) inkl. Palastbesuch; nicht für Kinder unter 6 Jahren, nicht für Schwangere

■ Das Ticket für den Dogenpalast erlaubt auch den Besuch von Museo Correr und Museo Archeologico.

■ Die reizvolle Tour »Itinerari Segreti«, die durch Amtsräume des Inquisitors, Folterkammer und Kerker führt, sollte man nicht verpassen.

■ Das Museo dell'Opera unweit der Kasse birgt Originalkapitelle aus dem 14. Jahrhundert; jene an der Fassade sind meist Nachbildungen aus dem 19. Jahrhundert.

Kunstwerke im Palazzo Ducale

Der Raub der Europa von Veronese

1 Der Raub der Europa
Veroneses allegorisches Werk (1580) im Anticollegio zeigt Europa auf einem Stier alias Jupiter, der zart ihren Fuß liebkost.

2 Paradies
Die Sala del Maggior Consiglio ziert das vermutlich größte Ölgemälde der Welt (1588–90). Es stammt von Jacopo Tintoretto und zeigt angeblich 800 Figuren.

3 Arkadenkapitell
Das achtseitige Kapitell an der südwestlichen Ecke des Palasts wurde von John Ruskin einst als »das schönste Europas« bezeichnet. Es zeigt detailliert Planeten und die Tierkreiszeichen.

4 Decke der Sala del Senato
Die ganze Decke des Saals stammt aus der Werkstatt Tintorettos. Das zentrale Gemälde zeigt allegorische und mythologische Figuren, die Venezia Meeresfrüchte darbringen.

5 Zentraler Balkon
Die prächtige, mit Säulen, Spitzen und Heiligenfiguren versehene Steinterrasse vor der Sala del Maggior Consiglio stammt aus dem frühen 15. Jahrhundert und bietet herrlichen Blick auf die Lagune.

6 Arco Foscari
Diesen Triumphbogen aus zweifarbigem Stein vor der Scala dei Giganti gab der Doge Foscari 1438 in Auftrag.

7 Brunnenköpfe
Die kunstvollen Brunnenköpfe wurden im 16. Jahrhundert geschaffen, um Regenwasser von Rinnen in den zentralen Hof zu leiten.

8 Trunkenheit Noahs
Die Skulptur aus dem frühen 15. Jahrhundert befindet sich an der Südostecke der Fassade. Noah, der betrunken und halb nackt vor seinen Söhnen steht, symbolisiert die menschliche Schwäche.

Trunkenheit Noahs

9 Krönung der Jungfrau
Die blassen Reste von Guarientos Fresko, die unter Tintorettos *Paradies* entdeckt wurden, werden in einem Nebenraum gezeigt. Tafeln erläutern die Restaurationstechniken.

10 Scala dei Giganti
Geladene Würdenträger stiegen die »Gigantentreppe« zum Palast hinauf. Namensgeber sind die beiden Kolossalstatuen von Mars und Neptun, die Sansovino 1567 als Venedigs Machtsymbole schuf.

Scala dei Giganti

Ausdehnung der Republik Venedig

Doge Gradenigo mit venezianischer Flotte bei der Belagerung von Chioggia, 1379

In seinen Anfangstagen war Venedig kaum mehr als eine kleine Gruppe von Inseln inmitten der seichten, sumpfigen Lagune, bewohnt von einer Flüchtlingsschar aus dem Veneto. Im Lauf der Jahrhunderte *(siehe S. 44f)* wurde daraus eine überaus mächtige, ganz auf Handel basierende Republik, die vom Mittelmeer bis zu den Alpen reichte. In riesigen Lagerhäusern wurde Salz deponiert, zudem handelte man mit exotischen Gewürzen und prachtvollen Stoffen aus dem Osten. Hier war der Ort, wo Kreuzzüge organisiert und Reliquien beschafft wurden. Die Bevölkerungszahl Venedigs selbst stieg wohl nie über 160 000, doch jenseits der Hafenmauern lagen an der dalmatinischen Küste und weiter im Süden abgeschiedene Außenposten wie Kreta und Zypern, die die Handelspassagen zu den arabischen Ländern schützten. Im Westen reichte der Einfluss Venedigs über die Po-Ebene bis nach Treviso, Vicenza und Verona, sogar bis nach Bergamo am Rande Mailands und zur mächtigen Visconti-Dynastie.

Vorherrschaft auf See
Paolo Veroneses Gemälde *Ruhmreiche Rückkehr des Dogen Andrea Contarini nach dem Triumph in Chioggia* (1525 – 88) feiert die von Venedig errungene Vormachtstellung auf See.

Geschichte & Geschichten

1 Gründung Venedigs am 25. April, dem Markustag (421)

2 Wahl des ersten Dogen Paoluccio Anafesto (697)

3 Der Leichnam des heiligen Markus wird nach Venedig gebracht (828)

4 Eroberung & Plünderung Konstantinopels während des Vierten Kreuzzugs (1204)

5 Die Pest dezimiert die Bevölkerung Venedigs um 60 Prozent (1348)

6 Doge Marin Falier wird wegen Verschwörung geköpft (1355)

7 Venedig siegt über Genua im Chioggia-Krieg und regiert fortan über Adria und Mittelmeer (1381)

8 Sieg über die Türken in der Seeschlacht von Lepanto (1571)

9 Kreta geht nach 25 Jahren Krieg an die Türken verloren (1669)

10 Napoléon besetzt Venetien und sorgt für den Fall der Republik Venedig (1797)

TOP10 ⭐ Piazza San Marco

Das Herzstück Venedigs wird an der Ostseite von Basilika und Dogenpalast geprägt; das westliche Ende gestaltete Napoléon um, als er hier einen Königspalast errichten wollte. Im Lauf der Jahrhunderte war die Piazza Schauplatz zahlloser Staatsempfänge, prunkvoller Prozessionen und Siegesfeiern. Heute finden sich rund um den Platz Museen, edle Cafés und Läden. Zu Karneval ist die Piazza von Kostümierten bevölkert.

(1) Basilica di San Marco
Siehe S. 12–15.

(2) Palazzo Ducale
Siehe S. 16–19.

(3) Torre dell'Orologio
Zwei Bronzefiguren geben auf dem 1496–99 erbauten Uhrturm im Renaissancestil mit Hämmern die Stunden an *(links)*. Am Dreikönigstag und an Christi Himmelfahrt führt ein Engel das stündliche Glockenspiel an. Es heißt, die beiden Uhrmacher wurden nach getaner Arbeit geblendet, damit sie ihr Werk nie reproduzierten.

Piazzetta und Palazzo Ducale

Infobox

Karte Q5

Torre dell'Orologio: +39 041 4273 0892 ▪ Führungen (ca. 60 Min.): Do 15 Uhr (engl.), Fr – So 14 & 15 Uhr (ital.) nach Anmeldung (online oder unter +39 848 082 000) ▪ Eintritt 12 € (erm. 7 €); nicht für Kinder unter 6 Jahren ▪ www.torreorologio.visitmuve.it

Campanile: +39 041 270 8311 ▪ tägl. 9.45 – 21.15 Uhr; bei starkem Wind und extremer Kälte geschl. ▪ Eintritt 10 €, unter 6 Jahren frei

Museo Correr *(siehe S. 22):* +39 041 4273 0892 ▪ tägl. 11–17 Uhr ▪ Eintritt (inkl. Palazzo Ducale) 25 € (erm. 13 €), unter 6 Jahren frei ▪ www.correr.visitmuve.it

Caffè Florian: +39 041 520 5641 ▪ tägl. 9.30 – 23 Uhr ▪ www.caffeflorian.com

Campanile (4)
Der 98,5 Meter hohe Glockenturm *(rechts)* bietet unvergleichliche Ausblicke. Ein Lift bringt Besucher nach oben. Nach dem Einsturz 1902 wurde der Turm so wiederaufgebaut, wie er im 16. Jahrhundert war.

(5) Piazzetta
Wo in der Blütezeit der Republik ein Wasserarm mit Anlegeplatz hohe Persönlichkeiten empfing, befindet sich heute ein gepflasterter kleiner Platz.

⑦ Colonne di San Marco e di San Teodoro

Die Granitsäulen mit Markuslöwe auf der einen *(links)* und der Statue des heiligen Teodoro auf der anderen errichtete Nicolò Barattieri 1172. Früher fanden hier Hinrichtungen statt.

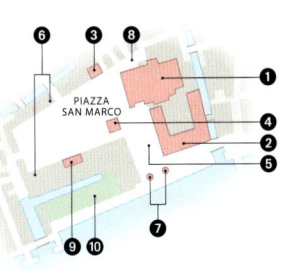

Venedigs Glocken

Die fünf Glocken des Campanile, deren Klang die ganze Stadt erfüllt, gaben jahrhundertelang den Rhythmus Venedigs an. So kündigte etwa die Maleficio eine Hinrichtung an, während die Nona täglich zu Mittag schlug. Die Trottiera rief den Adel zur Versammlung in den Dogenpalast und die Mezza Terza läutete Senatssitzungen ein. Die Marangona erklingt noch heute um Mitternacht – sie blieb beim Einsturz des Turms als einzige unbeschädigt.

⑥ Procuratie Vecchie & Nuove

Die Gebäude aus dem 15. Jahrhundert waren Residenz der Prokuratoren, die sich um die Verwaltung kümmerten *(unten)*.

Piazzetta dei Leoncini ⑧

Am »Platz der kleinen Löwen«, einst Ort des Gemüsemarkts, stehen seit 1722 zwei Löwenfiguren aus rotem Verona-Stein *(rechts)*.

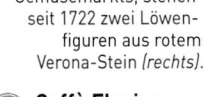

⑨ Caffè Florian

Eines der bekanntesten Kaffeehäuser der Welt zeigt noch die Holztäfelung von 1720, Marmortische und goldene Spiegel. Gönnen Sie sich zumindest einen Espresso hier – das Ambiente lohnt den Preis.

⑩ Giardinetti Reali

An der Stelle dieses schattigen öffentlichen Parks am Ufer, der zur Zeit Napoléons geschaffen wurde, befanden sich ursprünglich Bootswerften und Getreidespeicher.

Museo Correr

① **Deckengemälde der Biblioteca Marciana**
Als 1545 die Decke der Sale Monumentali, Lesesaal der Libreria Sansoviniana, einbrach, wurde der Baumeister Sansovino verhaftet – und wieder entlassen, um den Schaden auf eigene Rechnung zu beheben. Tizian wählte die Künstler für die Bemalung. Veronese erhielt eine Goldkette für die beste Arbeit.

② **Treppe der Libreria Sansoviniana**
Die von Alessandro Vittoria mit Gold und Stuck verzierte Treppe aus dem 16. Jahrhundert führt vom monumentalen Eingang an der Piazza zu den Sälen der alten Bibliothek.

③ **Veneziano-Gemälde**
Werke des äußerst produktiven byzantinischen Malers sind in Raum 25 der Pinakothek ausgestellt: glühende Porträts religiöser Erleuchtung, die zwischen 1290 und 1302 entstanden.

Canovas *Orpheus*

④ **Correr-Ballsaal**
Der klassizistische Saal wurde für Napoléon gebaut und dient heute für Ausstellungen.

Correr-Ballsaal

⑤ **Zwei Venezianerinnen**
Carpaccios meisterhafte Darstellung zweier Damen (1500–10) findet sich in Raum 38 des Museums. Wegen ihrer tiefen Dekolletés hielt man die beiden Frauen eine Weile für Kurtisanen, doch es sind Ehefrauen, die auf die Rückkehr ihrer Männer von der Jagd warten.

⑥ **Canova-Statuen**
Zu den Werken, die das Museum von Antonio Canova (1767–1822) besitzt, dem führenden Bildhauer seiner Zeit, zählen die berühmten Statuen *Orpheus* und *Euridike*.

⑦ **Stadtplan von Venedig**
Glanzstück in Raum 32 ist Jacopo de' Barbaris großer detaillierter Plan (1498–1500) von Venedig aus der Vogelperspektive. Drei Jahrhunderte lang konnten die sechs Druckplatten aus Birnenholz verwendet werden.

⑧ **Bellini-Raum**
Raum 36 der Pinakothek birgt Werke der Künstlerfamilie Bellini: *Toter Christus mit zwei Engeln* (1453–55) von Giovanni Bellini, *Kreuzigung* (1450) vom Familienoberhaupt Jacopo Bellini und das Porträt *Doge Giovanni Mocenigo* (1475) von dessen Sohn Gentile.

⑨ **Narwal-Zahn**
In Raum 40 zeigen Schnitzereien auf einem 1,60 Meter langen Zahn des seltenen Narwals – er galt lange als Horn eines Einhorns – den Stammbaum von Jesse und Jesus.

⑩ **Handwerk & Zünfte**
60 Zentimeter hohe, mit Perlmutt-Intarsien verzierte Holzsandalen veranschaulichen in Raum 48 das äußerst unbequeme Modediktat des 15. bis 17. Jahrhunderts.

Acqua alta

Zwischen Oktober und März ist Venedigs Innenstadt jedes Jahr von *acqua alta* (Hochwasser) bedroht. Die Anwohner sind darauf gut vorbereitet: Sobald die Sirenen ertönen, holen alle ihre Gummistiefel heraus, Ladeninhaber errichten Schutzbarrieren, die Straßenfeger bauen die Holzstege am Markusplatz auf. Venedig ist in seiner Lagune den Gezeiten der Adria unterworfen, zu Überflutungen kommt es aber nur, wenn niedriger Luftdruck, ein starker Schirokko aus dem Süden und die natürliche Flut zusammentreffen. Die Piazza San Marco zählt dabei immer zu den gefährdetsten Plätzen. Seit 2020 ist das Sturmflutsperrwerk MOSE *(Modulo Sperimentale Elettromeccanico),* das Venedig mit seinen beweglichen Fluttoren am Lido vor Hochwasser schützen soll, im Testbetrieb, doch viele Experten halten die Anlage für unnütz und schädlich für die Lagune.

Ereignisse auf der Piazza San Marco

1 Fundamentlegung des Palazzo Ducale (814)

2 Bau der Basilika beginnt (828)

3 Pflasterung des Platzes im Fischgrätmuster (1267)

4 Pflasterung des Platzes mit Trachyt (1722–35)

5 Napoléon lässt die Kirche San Geminiano abreißen, um die Ala Napoleonica zu bauen (1810)

6 Einsturz des Campanile (1902)

7 Rekordflut mit 1,94 Metern über dem Meeresspiegel (4. November 1966)

8 Pink-Floyd-Konzert lockt 100 000 Zuschauer an; der Bürgermeister muss zurücktreten (1989)

9 Erstürmung des Campanile durch Separatisten (1997)

10 Hochwasser mit Pegelstand von 1,87 Metern (12. November 2019)

Bullenhatz auf der Piazza San Marco von Canaletto und Giovanni Battista Cimaroli

Die Piazza San Marco ist aufgrund ihrer Lage am Rand der Lagune besonders gefährdet und stand in den letzten Jahren regelmäßig unter Wasser.

📖10 ⭐ Canal Grande

Die »Hauptstraße« der Stadt ist nur einer von 177 Kanälen, die Venedig durchziehen. Mit etwa vier Kilometern Länge, 30 bis 70 Metern Breite und 4,50 Metern Tiefe trägt er seinen Namen zu Recht. Die Ufer des Canal Grande, der sich s-förmig durch die Stadt schlängelt, säumen schöne Palazzi, auf dem Wasser herrscht ein Getümmel aus *vaporetti*, Gondeln, Wassertaxis, Polizeibooten und Barkassen mit Waren. Im Jahr 1818, als das Wasser noch nicht so verschmutzt war, schwamm Lord Byron vom Lido zur Stadt und durch den ganzen Canal Grande.

1 Fondaco dei Turchi
Der venezianisch-byzantinische Bau mit Rundbogen von 1225 *(oben)* war 200 Jahre lang türkisches Handelszentrum. Heute beheimatet er das Naturhistorische Museum *(siehe S. 62)*.

2 Ca' Pesaro
Der aufwendig verzierte Barockpalast, das letzte Werk des Baumeisters Longhena, beherbergt die städtischen Sammlungen moderner und orientalischer Kunst und ist abends hübsch beleuchtet *(siehe S. 91)*.

3 Ponte di Rialto
Die Rialtobrücke *(unten)* wurde 1588 aus istrischem Stein errichtet. Sie ist 48 Meter lang und hat eine Durchfahrtshöhe von 7,50 Metern *(siehe S. 58)*.

Blick auf Santa Maria della Salute

4 Riva del Vin
Die Restaurants, die sich an der sonnigen Uferstraße reihen, bieten eine der seltenen Möglichkeiten, direkt am Canal Grande zu sitzen. Früher wurden hier Weinfässer abgeladen.

5 Ca' Rezzonico
Das Glanzstück des Palazzo *(siehe S. 46)*, der ein Museum über Venedig im 18. Jahrhundert birgt, ist seine Treppe *(rechts)*.

⑦ Ca' Dario

Der etwas schief wirkende Palazzo mit seiner schönen Renaissancefassade voll bunter Steinmedaillons gilt als verflucht: Angeblich wurden seine verschiedenen Besitzer stets vom Unglück heimgesucht *(siehe S. 46)*.

⑥ Ponte dell'Accademia

Von dieser hübschen Holzbrücke *(oben)* hat man einen herrlichen Blick auf den Canal Grande. Sie wurde 1932 vom damaligen Stadtbaumeister Eugenio Miozzi errichtet und war ursprünglich nur als Übergangslösung bis zum Bau einer Steinbrücke gedacht.

Santa Maria della Salute ⑧

Die Kirche mit der gewaltigen Kuppel *(rechts)*, ein Meisterwerk Longhenas aus dem 17. Jahrhundert, gedenkt des Endes einer verheerenden Seuche *(siehe S. 48)*.

Wellenschäden

Durch den zunehmenden Einsatz von Motorbooten haben sich die von Wellenschlag verursachten Gebäudeschäden verschlimmert. Die Wellen fressen sich in Höhe des Wasserspiegels in die Häuser und machen den Gondolieri das Leben schwer. Geschwindigkeitsbegrenzungen sollen dem Einhalt gebieten: Erlaubt sind 7 km/h für Privatboote und 11 km/h für öffentliche Fahrzeuge auf dem Canal Grande. In schmalen Kanälen sind nur 5 km/h erlaubt, in der Lagune 20 km/h.

Infobox

Piazzale Roma (Parkplatz & Busbahnhof) bis Piazza San Marco ▪ Vaporetto-Betrieb: tägl. ca. 5 – 24 Uhr

▪ Der Canal Grande wird auf ganzer Länge von *vaporetti* befahren: Linie 1 hält an allen Stationen, Linie 2 nur an einigen. Für entspanntes Sightseeing empfiehlt sich die gemächliche Fahrt mit der Linie 1, die insgesamt rund 45 Minuten dauert *(siehe S. 139)*.

▪ Wer spätnachmittags am Piazzale Roma startet, umgeht das größte Gedränge. Morgens ist es in Gegenrichtung ruhiger.

Punta della Dogana ⑨

Am einstigen Zollhaus – heute ein Kunstzentrum – mündet der Canal Grande in die Lagune. Die Fortuna-Statue *(rechts)* auf dem Dach dient als Wetterfahne.

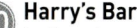

⑩ Harry's Bar

In dieser legendären Bar, die Ernest Hemingway wohl gern besuchte, wurde der Bellini erfunden *(siehe S. 71)*. Giuseppe Arrigo Cipriani benannte sein Lokal 1931 nach einem amerikanischen Freund und Investor.

Venedigs Wasserfahrzeuge

Typische Gondeln

① Gondola
Gondelfahrten leisten sich in der Regel nur Urlauber und Braut-paare. An vielen Plätzen in der Stadt nehmen mit Strohhüten bekleidete Gondolieri Fahrgäste auf. *Traghetti* sind schlichte Gondeln ohne Zierrat, die an mehreren Stellen des Canal Grande Passagiere übersetzen *(siehe S. 140)*. *Gondolini* sind kleiner und werden für Regatten genutzt.

② Vaporetto
Venedigs Wasserbusse haben Diesel- oder Elektromotoren, auf längeren Strecken verkehren zwei-stöckige *motonavi*. Für enge Kanäle kommen die flotten *motoscafi* zum Einsatz *(siehe S. 139)*.

③ Sandolo
Dieses schlanke und leichte Boot eignet sich gut zum Fischen im seichten Gewässer der Lagune oder auch für Sportrennen.

④ Topo
Die für den Warentransport gebräuchlichste Barkasse sieht man mit allem Möglichen beladen – von Kisten bis Waschmaschinen. Oft mimt ein Hund die »Galionsfigur«.

⑤ Sanpierota
Das Ruderboot mit flachem Boden ist nach den Bewohnern von San Pietro in Volta in der südlichen Lagune *(siehe S. 125)* benannt. Einst transportierte man damit Fisch nach Venedig, heute hat es einen Außen-bordmotor und ein Segel.

⑥ Bragozzo
Das farbenfrohe Segelboot, das an Bug und Heck sanft gerundet ist, benutzten früher die Bewohner von Chioggia *(siehe S. 125)* zum Fischfang.

⑦ Feuerwehrboot
Von der Station Ca' Foscari rücken die modernen Boote nicht nur bei Bränden aus, sondern auch bei bröckelnden Fassaden oder wenn Gegenstände, die in den Ka-nälen treiben, Boote behindern.

⑧ Müllboot
Die AMAV-Barkassen der städtischen Müllabfuhr tuckern mit dem Tagesabfall über die Lagune und halten die Stadt sauber.

Ambulanz-Barkasse

⑨ Polizei- und Ambulanzboote
Die schnellen Boote ziehen Auf-merksamkeit auf sich, wenn sie bei Einsätzen durch die Kanäle düsen und dabei viel Lärm und Wellen-schlag verursachen.

⑩ Autofähre
Die riesigen Schiffe bringen Fahrzeuge aller Art vom Parkplatz Tronchetto zum Lido und zurück.

Venezianische Gondeln

Gondeln gleiten seit dem 11. Jahrhundert durch die Kanäle, doch ihre anmutige Form erhielten sie erst Ende des 15. Jahrhunderts. Während im späten 19. Jahrhundert rund 10 000 Gondeln unterwegs waren, sind es heute nur noch gut 400. Damals gab es nur wenige Brücken – Gondeln dienten oft zum Übersetzen über Kanäle. Heute haben sie diese Funktion noch am Canal Grande. Nur eine Handvoll Werften baut und repariert noch Gondeln, so etwa Squero di San Trovaso in Dorsoduro *(siehe S. 98)*. Der Bau ist aufwendig – für die 280 Teile des asymmetrischen Boots werden acht Holzarten verwendet. Eine Gondel ist elf Meter lang und 1,42 Meter breit, wiegt über 350 Kilogramm und kostet bis zu 25 000 Euro. Der Gondoliere steht am Heckschnabel seiner Gondel und bewegt diese mit einem einzigen, steuerbordseitigen Ruder *(remo)*, das in einer Holzgabel *(forcola)* gelagert ist.

Merkmale einer Gondel

1 *Forcola* (Ruderklampe)

2 *Ferro* (Bugbeschlag)

3 *Hippocampus* (Seitenornament)

4 Nachtlampe

5 Bronze-Heckschmuck

6 Geripptes Ruder

7 *Felze* (Kabine)

8 Fußstütze für den Gondoliere

9 Ringelhemd des Gondoliere

10 Strohhut des Gondoliere

Der dekorative Bugbeschlag *(ferro)* wiegt 30 Kilogramm und soll das Gewicht des Ruderers ausgleichen. Ursprünglich waren Gondeln bunt bemalt oder aufwendig geschmückt. Das heutige Schwarz wurde vom Senat vorgeschrieben, um eine exzessive Zurschaustellung von Reichtum zu verhindern.

Gondeln zur Reparatur

Folgende Doppelseite Vertäute Gondeln am Canal Grande

TOP 10 ★ Gallerie dell'Accademia

Die Kunstsammlung, die an erlesenen Meisterwerken die Entwicklung der venezianischen Kunst von byzantinischer Zeit über die Renaissance bis zu Barock und Rokoko aufzeigt, ist Venedigs Äquivalent zu den Uffizien in Florenz. Giovanni Battista Piazzetta begann 1750 mit dem Sammeln von Kunst; Napoléon erweiterte den Bestand 1807 mit Stücken aus aufgelösten Kirchen, im selben Jahr zog die Sammlung hierher, wo sie drei ehemalige religiöse Einrichtungen einnahm: die Scuola Grande di Santa Maria della Carità (1260) samt zugehöriger Kirche und ein Kloster (12. Jh.), das Palladio umgestaltet hatte. Der Architekt Carlo Scarpa modernisierte die Räume in den 1940er Jahren.

Pala di San Giobbe ①

Giovanni Bellini schuf das Altarbild der Madonna mit Kind *(rechts)*, ein großartiges Beispiel für eine »Sacra Conversazione« (»heilige Unterredung«),1487 für die Kirche San Giobbe. Die Heiligen Rochus und Sebastian neben der Jungfrau deuten auf die Zeit nach der Pest hin. Musizierende Engel zu ihren Füßen ehren den heiligen Giobbe, Schutzpatron der Musik (Saal II).

② Das Gewitter

Giorgiones geheimnisvolles Bild einer stillenden Frau *(unten)* entstand

ums Jahr 1508. Die traumartig wirkende Landschaft und die dunklen Wolken am Himmel über der Stadt sorgen für den düsteren Gesamteindruck (Saal VIII).

③ Gastmahl im Haus des Levi

Das Gemälde Veroneses von 1573 nimmt eine ganze Wand ein. Es führte seinerzeit zu Kontroversen: Die Kirchenoberen gaben es als »Letztes Abendmahl« in Auftrag und waren verärgert über die Darstellung von »Hunden, Narren, betrunkenen Deutschen, Zwergen und anderen Absurditäten« – woraufhin Veronese einfach den Titel änderte (Saal X).

④ Pietà

Tizians letztes Werk von 1576 blieb unvollendet, gilt aber als sein bestes. Es ist erfüllt von goldenem Licht und einem durchdringenden Gefühl von Schmerz (Saal XI).

⑤ Ursula-Zyklus

Von Vittore Carpaccios Zyklus über eine bretonische Prinzessin und einen englischen Prinzen (um 1495) ist hier u. a. das Treffen der Verlobten zu sehen (Saal XXI).

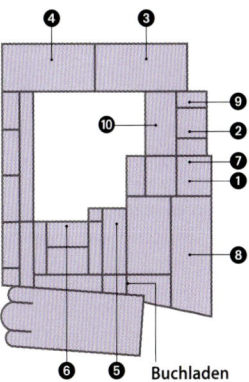

Buchladen

⑥ Prozession auf der Piazza San Marco

Das Bild von 1496 *(oben)* gehört zu Gentile Bellinis Zyklus von der Prozession am Tag des heiligen Markus im Jahr 1444 (Saal XX).

⑦ Madonna dell'Arancio

Auf dem Gemälde, das Cima de Conegliano 1496–98 für eine Franziskanerkirche auf Murano schuf, sind Rebhühner und Pflanzen dargestellt (Saal II).

Infobox

Karte L6 ▪ Campo della Carità, Dorsoduro ▪ +39 041 524 3354 ▪ www.gallerieaccademia.it

▪ Mo 8.15–14 Uhr, Di–So 8.15–19.15 Uhr; letzter Einlass 60 Min. vor Schließung; 1. Jan, 1. Mai & 25. Dez geschl.

▪ Eintritt 12 € + 1,50 € Reservierungsgebühr (ermäßigt 2 € + 1,50 €), unter 18 Jahren nur Gebühr; bei Sonderausstellungen evtl. mehr

Kurzführer

Die Ausstellung folgt hauptsächlich einem chronologischen Aufbau. Die 24 Säle im Obergeschoss sind mit römischen Ziffern gekennzeichnet und bieten Erläuterungen in italienischer und in englischer Sprache. Aufgrund eines recht umfangreichen Umbaus und der Erweiterung der Galerie kann sich die Anordnung der Kunstwerke geändert haben.

⑧ Krönung Mariä

Das prächtige, üppig mit Gold veredelte Polyptychon entstand 1350 und stammt von Paolo Veneziano, Venedigs führendem Künstler des 14. Jahrhunderts. Szenen aus dem Leben Christi flankieren das Gemälde spätmittelalterlich-byzantinischen Stils im Zentrum des Flügelaltars (Saal I).

⑨ Junger Mann am Schreibtisch

Lorenzo Lottos Porträt eines melancholischen jungen Mannes *(oben)* entstand 1528 und könnte ein Selbstbildnis sein (Saal IX).

⑩ Il Leone di San Marco

Das prachtvolle, 1459/60 entstandene Gemälde von Cima di Conegliano zeigt einen übergroßen Markuslöwen und vier Heilige: Johannes den Täufer, den Evangelisten Johannes, Maria Magdalena und Hieronymus (Saal VI B).

TOP10 ★ Santa Maria Gloriosa dei Frari

Die Kirche der Franziskaner, ein Meisterwerk venezianisch-gotischer Sakralarchitektur, erforderte im 14./15. Jahrhundert mehr als 100 Jahre Bauzeit. Die Gestaltung des Hauptaltars nahm weitere 26 Jahre in Anspruch. Der fast 100 Meter lange und bis zu 50 Meter breite Innenraum birgt eine wunderbare Sammlung an Kunstwerken – von Gemälden von Tizian und Bellini bis zu prächtigen Dogengrabstätten.

1 Mariä Himmelfahrt

Tizians Gemälde von Marias triumphaler Himmelfahrt (1518) zeigt die Jungfrau, in Karmesinrot gekleidet und von Heiligen umringt, entschweben, während die Apostel gestikulierend zurückbleiben (links). Das mit Öl auf Holz gemalte Werk am Hochaltar ist Blickfang der Kirche.

2 Lettner

Der hohe Lettner (rechts), der hier den Altarbereich vom Kirchenschiff abtrennt, weist herrliche Schnitzereien mit Elementen aus Renaissance und Gotik auf, die 1475 von Pietro Lombardo und Bartolomeo Bon geschaffen wurden.

Basilica dei Frari

5 Campanile

Der solide wirkende Glockenturm aus dem späten 14. Jahrhundert am linken Querschiff der Frarikirche ist der zweithöchste in Venedig.

3 Chorgestühl

Das dreireihige Originalgestühl für 124 Mönche – einzigartig in Venedig – schuf Marco Cozzi 1468. Es zeigt nordeuropäische Einflüsse. Die kunstvollen Einlegearbeiten lohnen eine nähere Betrachtung.

4 Madonna mit Kind und Heiligen

Giovanni Bellinis Triptychon von 1488, laut Henry James »wie mit flüssigen Edelsteinen gemalt«, hängt im geschnitzten Originalrahmen in der Sakristei. Die Heiligen sind Nikolaus, Petrus, Markus und Benedikt.

Staatsarchiv

Die labyrinthischen Räumlichkeiten des Klosters neben der Basilica dei Frari beherbergen seit dem Fall der Republik das Staatsarchiv von Venedig. Rund 300 Räume mit etwa 70 Kilometern an Regalen bergen Unmengen wertvoller Aufzeichnungen aus Venedigs Geschichte ab dem 9. Jahrhundert, darunter auch das Goldene Buch der venezianischen Aristokratie. Wissenschaftler betreten das Gebäude über das Oratorio di San Nicolò della Lattuga (1332). Es ist nach einem Prokurator von San Marco benannt, der auf wundersame Weise Genesung durch Kopfsalat (lattuga) erfuhr.

Mausoleum Canovas ⑥

Das gewaltige Grabmal für Antonio Canova *(rechts)* schufen Schüler des Bildhauers im Todesjahr 1822 nach dessen eigenen Entwürfen für eine Grabstätte Tizians, die nicht zur Anwendung kamen.

Grabmal des Dogen Francesco Foscari ⑧

Das Monument erinnert an den Dogen, der Venedigs Ausdehnung aufs Festland vorantrieb. Der Mann ist auch in Byrons Schauspiel *I due Foscari* verewigt, das Verdi 1844 als Oper vertonte.

Statue von Johannes dem Täufer ⑨

Die Holzstatue *(rechts)* in der Florentinischen Kapelle fertigte der Bildhauer Donatello (1386 – 1466) im Jahr 1438 eigens für diese Kirche an. Die ausgezehrte Gestalt des jüdischen Bußpredigers wirkt überaus lebensnah.

Grabmal Tizians ⑩

Als der Maler 1576 an der Pest starb, sprach man ihm das Recht zu, hier bestattet zu werden. Das Mausoleum wurde allerdings erst knapp 300 Jahre später geschaffen.

Mausoleum des Dogen Giovanni Pesaro ⑦

Das Barockdenkmal, bei dem Monster und schwarze Gestalten aus Marmor den Sarkophag tragen, veranlasste den Kunstkritiker John Ruskin zu der Äußerung, dass Geschmacklosigkeit nicht tiefer sinken könne.

Infobox

Karte L3 ▪ Campo dei Frari, San Polo
▪ +39 041 272 8618 ▪ www.basilica
deifrari.it

▪ Mo – Sa 9 – 18 Uhr, So 13 – 18 Uhr;
1. Jan, Ostern, 15. Aug & 25. Dez geschl.

▪ Eintritt 3 € (erm. 1,50 €) bzw. Chorus
Pass *(siehe S. 145)*, unter 12 Jahren frei

▪ Am Campo dei Frari finden sich eine
Reihe netter Cafés mit Blick auf die Kirche.

▪ In der Weihnachtszeit lockt hier eine
reizvolle Krippe mit bewegten Figuren
und Lichteffekten.

TOP10 ★ Mercato di Rialto

Das kommerzielle Zentrum Venedigs ist heute so belebt wie einst – seit 1097 gibt es in Rialto Märkte. Die Gegend hat ihren Namen von Rivoaltus, dem hoch angelegten Terrain, das Siedlern flutsicheren Grund bot. Die meisten Gebäude stammen aus dem 16. Jahrhundert, da 1514 ein Feuer durch Rialto fegte. Zur Zeit des Karnevals wetteifern die Standbesitzer in mittelalterlichen Kostümen um Kundschaft – dann lassen nur noch die elektronischen Registrierkassen moderne Zeiten erkennen.

① Erberia
Die kunstvollen Stapel köstlicher Pfirsiche und Kirschen, dorniger Artischocken und roter Zichorien von Treviso sind ein Fest für die Sinne. Das Angebot richtet sich strikt nach der Saison – im Juni gibt es z. B Zucchiniblüten *(oben)*.

Marktstände in Rialto

③ San Giacomo di Rialto
Die älteste Kirche Venedigs soll im 5. Jahrhundert von einem Zimmermann gegründet worden sein. Der heutige Bau ist mittelalterlich. Beachtung verdienen der gotische Portikus und die 24-Stunden-Uhr.

Il Gobbo di Rialto ④
»Der Bucklige von Rialto« *(rechts)* stützt ein Podest, das einst als Podium für amtliche Proklamationen, etwa neue Gesetze, diente.

② Pescheria
Aale, riesige Schwertfische, roter Thunfisch, Barben und Scampi *(oben)* machen den Bummel durch das neugotische Fischmarktgebäude von 1907 zu einem recht geruchsintensiven Erlebnis.

⑤ Palazzo dei Camerlenghi
Im Erdgeschoss des schiefen Gebäudes von 1525 saßen früher Schuldner ein, oben befanden sich die Amtsräume der namensgebenden Stadtkämmerer.

6 Traghetto-Fahrt

Jeder Besucher Venedigs sollte wenigstens einmal den Canal Grande per *traghetto* überqueren *(links)*. Es gibt nur noch acht davon. Der Brauch will, dass Passagiere während der Fahrt stehen.

7 Porticato del Banco Giro

Reiche Kaufleute trafen sich unter den Arkaden der ersten, 1157 gegründeten Bank von Venedig, um Geschäfte zu machen. 1585 verbot der Staat private Geldinstitute. Heute ist hier ein Weinlokal.

Platznamen

Die Gassen und Plätze des Mercato di Rialto haben alte venezianische Namen wie »Erberia« (Gemüsemarkt), »Pescaria« (Fischmarkt) und »Orefici« (Goldschmiede), da Händler der gleichen Waren früher an einem Ort versammelt waren. Lokale für Marktleute trugen sinnige Namen wie »Do Mori« (Zwei Mohren) oder »Scimia« (Affe).

---

8 Ruga degli Orefici

In dem freskenverzierten Durchgang sind seit dem 14. Jahrhundert Silber- und Goldschmiede sowie Seidenhändler ansässig.

9 Fabbriche Nuove

Uniformierte *carabinieri* patrouillieren vor dem langen, 1552–55 errichteten Gerichtsgebäude am Canal Grande, das Jacopo Sansovino mit 25 Arkadenbogen gestaltete.

10 Blick auf den Canal Grande

Seit dem Umzug des Großhandelsmarkts nach Tronchetto (1990er Jahre) ist die direkt am Canal Grande gelegene Erberia ein schöner Platz, um Booten zuzusehen *(unten)*.

Infobox

Karte P2 ■ San Polo

Erberia: Mo – Sa 7 – 20 Uhr

Pescheria: Di – Sa 7 – 14 Uhr

....

■ Neben frischem Obst von der Erberia gibt es in den Feinkostläden und Bäckereien rundum diverse Leckereien für ein Picknick.

TOP 10 ★ Torcello

Eine einstündige Bootsfahrt bringt Besucher zu der Insel, die auf eine interessante Geschichte zurückblicken kann und mit der Basilica di Santa Maria Assunta das älteste Bauwerk der Lagune birgt. Ab dem 5. Jahrhundert flohen Bewohner des Festlands vor einfallenden Hunnen und Lombarden hierher. Sie gründeten eine Siedlung, die 1000 Jahre bestand und auf 20 000 Bewohner anwuchs, bis die Kanäle verschlammten und Malaria die Bevölkerung dezimierte. Heute leben hier nur noch einige Gärtner und Fischer.

Außenansicht der Basilika ❶

Die imposante Kathedrale geht auf das Jahr 639 zurück und wurde 1008 grundlegend verändert. Ein Portikus mit Arkaden aus dem 9. Jahrhundert ergänzt den romanischen Bau *(rechts)*.

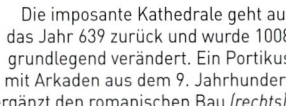

❷ Weltgericht-Mosaiken

Die schön restaurierten Mosaiken aus dem 12./13. Jahrhundert *(oben)* zeigen drastische Szenen vom Jüngsten Tag – mit Engeln, Teufeln, wilden Tieren und reichlich Flammen.

❸ Apsis-Mosaik

Dieses ergreifende Mosaik aus dem 13. Jahrhundert stellt die Jungfrau in blauem Gewand mit Goldsaum dar, ihr strahlendes Kind sanft im Arm. Darunter befinden sich die zwölf Apostel inmitten einer Blumenwiese.

❹ Lettner

Auf Marmortafeln sieht man Pfauen, die aus der Quelle des ewigen Lebens trinken *(links)*, und zahme Löwen, die unter einem Baum voller Vögel sitzen. Sechs Säulen stützen Gemälde der Apostel.

❺ Boden der Basilika

Die Mosaikplättchen aus Stein und Glas *(tesserae)* stammen aus dem 11. Jahrhundert. Würfel, Halbkreise und Dreiecke bilden hier großflächige Muster und machen dem Boden der Basilica di San Marco Konkurrenz. Bei der Sanierung wurde das Bodenniveau um 30 Zentimeter angehoben.

⑦ Campanile
Der Blick vom schlichten, 55 Meter hohen Glockenturm der Basilika *(links)* reicht bis nach Venedig, über die Lagune mit ihren Kanälen und Wattlandschaften hinweg bis zur Adria und an klaren Wintertagen bis zu den Alpen im Norden.

⑧ Attilas Thron
Es heißt hier gern, dieser Sitz aus Marmor *(unten)* sei der Thron des Hunnenkönigs Attila gewesen, historische Quellen sprechen ihn allerdings den Magistraten der Insel zu.

Attila, der Hunne
Der Hunnenkönig Attila, auch die »Geißel Gottes« genannt, herrschte von 434 bis 453 n. Chr. über ein Reich von den Alpen bis zum Baltikum und bis zum Kaspischen Meer. Er griff Mailand, Verona und Padua an und veranlasste die Bewohner zur Flucht nach Torcello. Es heißt, das Niederbrennen der Stadt Aquileia beobachtete er von einem Hügel in Udine, den seine Männer extra dafür errichtet hatten.

⑨ Museo di Torcello
Das kleine Museum in einem gotischen Gebäude präsentiert eine faszinierende Sammlung archäologischer Funde von der Insel wie auch kostbare Kirchenschätze.

Infobox
Karte H1 ▪ Vaporetto-Linie 12 von Fondamente Nove nach Burano, dann Linie 9 ▪ www.isoladi burano.it/it/torcello.html

Basilica di Santa Maria Assunta (Basilica di Torcello): Piazza Torcello ▪ +39 041 730 119 ▪ März–Okt: tägl. 10.30–18 Uhr; Nov–Feb: tägl. 10–17 Uhr; 1. Jan & 25. Dez geschl.

▪ Eintritt 5 € (ermäßigt 4 €), unter 6 Jahren frei

▪ Campanile nur nach Anmeldung; Eintritt 5,50 €

Santa Fosca: tägl. 10.30–17.30 Uhr (außerhalb der Gottesdienstzeiten)

Museo di Torcello: Piazza Torcello ▪ +39 041 730 761 ▪ Di–Sa 10.30–12.30 & 14–16 Uhr; feiertags geschl. ▪ Eintritt 3 € (erm. 1,50 €), unter 6 Jahren frei

⑥ Santa Fosca
Die Kirche in Form eines griechischen Kreuzes neben der Basilika ist von einem fünfseitigen Portikus mit Säulen und Kapitellen umgeben. Zur Mittagszeit ist sie mitunter geschlossen.

⑩ Locanda Cipriani
Ernest Hemingway, der 1948 auf Torcello weilte, besuchte oft dieses Gasthaus *(links)*, dessen ruhiger Charme schon seit 1938 Prominente anlockt *(siehe S. 121 & S. 148)*.

TOP 10 ⭐ Campo Santa Margherita

Der hübsche Platz im Viertel Dorsoduro ist nach der Märtyrerin Margareta von Antiochia benannt, einer wohl fiktiven, aber im Mittelalter sehr populären Gestalt. Eine Statue in einer Nische an der nördlichen Mauer zeigt die Schutzpatronin werdender Mütter mit einem Drachen. Der Platz, der meist von spielenden Kindern bevölkert ist, entstand im 19. Jahrhundert, als für die Stadterweiterung einige südliche Kanäle aufgefüllt wurden.

① Ex-Chiesa di Santa Margherita

Die ehemalige Kirche dient mittlerweile der Universität als Auditorium Santa Margherita *(siehe S. 65)*. Am Fuß des Glockenturms ist ein sich windender Drache aus dem 14. Jahrhundert zu sehen, der für das Martyrium der Heiligen steht.

② Palazzo Foscolo-Corner

Der schöne Palazzo hat sich seit dem 14. Jahrhundert nicht verändert. Er ist an den tiefen Dachvorsprüngen zu erkennen. Das augenfällige byzantinische Bogenfeld über dem Portal zeigt das Familienwappen.

③ Scuola Grande dei Carmini

Die Räume der Karmeliten-Bruderschaft *(unten)* zieren Meisterwerke von Giovanni Battista Tiepolo. Das Deckengemälde im Obergeschoss zeigt die Übergabe des Skapuliers an den heiligen Simon Stock.

Geschäftiges Treiben am Platz

④ Calle del Forno

An einem Wohnhaus in der belebten Durchgangsstraße zum Piazzale Roma fallen in Höhe des ersten Stocks von Säulen gestützte Vorsprünge ins Auge, die ans Mittelalter erinnern. Die Straße ist nach einer Bäckerei *(forno)* benannt, die es heute nicht mehr gibt.

⑤ Casa dei Varoteri

Ein schönes Basrelief Marias, wie sie betende Händler beschützt, schmückt das ehemalige Zunfthaus der Gerber von 1725. Wegen der abgeschiedenen Lage wurde das Gebäude einst fälschlicherweise für das Haus des Scharfrichters gehalten.

⑧ Santa Maria dei Carmini

Glücklicherweise überstand die schöne Kirche (links) die Aufhebung des angrenzenden Karmelitenklosters durch Napoléon. Viele Details aus dem 13. Jahrhundert blieben erhalten, darunter auch das Eingangsportal.

»Haus des Mauren« ⑥

Shakespeares *Othello* soll auf der Person des Cristoforo Moro basieren. Dieser regierte ab 1508 Zypern und hatte bis dahin im Haus Nr. 2615 gelebt.

Altanen ⑦

Die hölzernen Dachterrassen (rechts) waren in venezianischen Palazzi sehr gebräuchlich. Die Damen bleichten hier ihr Haar in der Sonne – breite Hutkrempen schützten dabei Augen und Teint. Heute wird dort meist Wäsche getrocknet, in lauen Sommernächten auch gefeiert.

Rio Terrà

Rio ist die Bezeichnung für Kanal, *terrà* bedeutet »aufgefüllt«. Vom 14. bis ins 19. Jahrhundert wurden Wasserwege aufgeschüttet, um Boden zu gewinnen. Einige Kanäle überdecken Bogen, unter denen das Wasser fließen kann, so etwa in der Via Garibaldi (siehe S. 111) in Castello. Später wurde der umgekehrte Vorgang propagiert: Den Rio della Crea in Cannaregio hat man wieder geöffnet.

⑨ Corte del Fondaco

Eine reizvolle Passage führt zu diesem Innenhof, wo seltsame niedrige Bogen auf einen alten Mehlspeicher aus dem 18. Jahrhundert hinweisen. Der Name *fondaco* (Speicher) stammt vom arabischen Wort *fonduq*.

⑩ Rio Novo

Der Kanal wurde 1932/33 als Abkürzung zwischen Piazzale Roma und dem unteren Teil des Canal Grande angelegt. Aufgrund wachsender Gebäudeschäden ist er für *vaporetti* gesperrt.

Infobox

Karte K5 ▪ Dorsoduro

Scuola Grande dei Carmini: +39 041 528 9420 ▪ Do–So 11–17 Uhr; 1. Jan & 25. Dez geschl. ▪ Eintritt 7 € (ermäßigt 5 €), unter 6 Jahren frei ▪ www.scuolagrandecarmini.it

▪ Imbissläden, die Pizza verkaufen, und Bars, die *tramezzini* und *panini* servieren, bieten sich für den Mittagssnack an.

TOP10 ⭐ Collezione Peggy Guggenheim

Die weitläufigen und lichtdurchfluteten Räume des Palazzo Venier dei Leoni aus dem 18. Jahrhundert bergen die wunderbare Kunstsammlung der weitblickenden Amerikanerin Peggy Guggenheim. Werke von mehr als 200 modernen Künstlern repräsentieren wichtige Avantgarde-Bewegungen wie Kubismus, Futurismus und Surrealismus. Neben den überaus eindrucksvollen Kunstwerken der Galerie und einem faszinierenden Skulpturengarten sind auch die privaten Wohnräume Peggy Guggenheims zu besichtigen.

1 *Le Poète*
Beginnen Sie den Rundgang durch die Sammlung bei diesem 1911 entstandenen Porträt von Pablo Picasso (1881–1973). Das in Ocker- und Brauntönen gehaltene Bild stammt aus dessen frühkubistischer Periode.

2 *Maiastra*
Die glänzende Bronzeskulptur, die Constantin Brâncuși (1876–1957) um das Jahr 1912 schuf, zeigt einen Zaubervogel, der in rumänischen Volksmärchen den Helden begleitet und beschützt.

3 *Die Einkleidung der Braut*
Der deutsche Surrealist Max Ernst (1891–1976) malte die von seltsamen Gestalten umgebene Frau *(unten)* 1940. Der Künstler war von 1941 bis 1946 mit Peggy Guggenheim verheiratet.

Palazzo Venier dei Leoni am Canal Grande

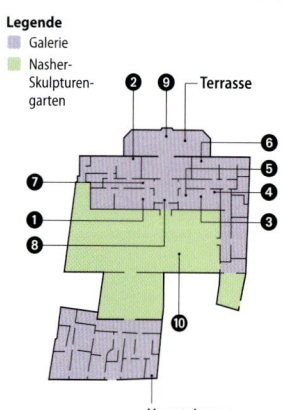

Legende
🟪 Galerie
🟩 Nasher-Skulpturengarten

Terrasse

Haupteingang

④ Das Reich der Lichter

Magische Lichteffekte bestimmen dieses Werk des belgischen Surrealisten René Magritte (1898–1967). Das Bild von 1953/54 zeigt dunkle Bäume und die Silhouette eines Hauses im Licht einer Straßenlaterne – vor taghellem Himmel mit Schäfchenwolken.

⑥ Gehende Frau

Der klare, lang gestreckte Frauentorso von 1932, offensichtlich vom etruskischen Stil beeinflusst, ist charakteristisch für den Schweizer Künstler Alberto Giacometti (1901–1966), der nur kurzzeitig ein Vertreter des Surrealismus war *(rechts)*.

⑦ Die Mondfrau

Das leuchtende Gemälde eines skelettartigen Strichmännchens stammt von 1942 – ein Frühwerk Jackson Pollocks (1912–1956), das noch vor seinen Drip-Paintings entstand.

Peggy Guggenheim

Die schillernde amerikanische Kunstsammlerin (1898–1979) kam 1921 nach Europa, wo sie sich rasch mit der Pariser Boheme anfreundete. Sie beschloss, »ein Bild pro Tag zu kaufen«, und trug so eine recht beträchtliche Menge an Kunstwerken zusammen. 1947 ließ sie sich in Venedig nieder. Als Besitzerin der letzten privaten Gondel galt sie in ihrer Wahlheimat gemeinhin als *l'ultima dogaressa*.

⑧ Mobile

Alexander Calders (1898–1976) Meisterwerk der Bewegung, dem alle Mobiles ihren Namen verdanken, entstand 1941 und ziert das Atrium des Guggenheim-Hauses.

⑨ L'Angelo della Città

Marino Marinis (1901–1980) Reiter auf dem Bronzepferd (1948) grüßt von den Stufen, die zur Terrasse führen, die vorbeiziehenden Boote.

Infobox

Karte D5 ▪ Fondamenta Venier dei Leoni, Dorsoduro (zweiter Eingang in der Calle San Cristoforo) ▪ +39 041 240 5411 ▪ www.guggenheim-venice.it

▪ Mi – Mo 10 –18 Uhr; 25. Dez geschl.

▪ Eintritt 15 € (ermäßigt 9 /13 €), unter 10 Jahren frei; Audioführer für Smartphones 3 €

▪ Für eine Pause bietet sich die schattige Terrasse des Cafés an, wo auch kleine Mahlzeiten serviert werden.

▪ Von der Museumsterrasse hat man einen tollen Blick auf den Canal Grande und die gegenüberliegenden Palazzi.

⑤ Zaubergarten

Das kindlich anmutende Werk von Paul Klee (1879–1940) – verwischte Formen und skizzenhafte Gesichter in warmen Tönen – entstand 1926.

⑩ Drei stehende Figuren

Italienische Glockentürme inspirierten Henry Moores (1898–1986) abstraktes Werk von 1953, das im Skulpturengarten steht.

Themen

Der weltbekannte Ponte di Rialto ist eine von vier Brücken über den Canal Grande

Historische Ereignisse

① 421: Gründung Venedigs

Aus Angst vor den einfallenden Westgoten auf ihrem Weg nach Rom fliehen Menschen aus den römischen Städten des Veneto an die Küste des Landes und suchen Schutz auf den unbewohnten Inseln der Lagune. Der Legende nach wird am 25. März 421 auf der kleinen Insel Rialto der Grundstein für die Kirche San Giacomo gelegt – der offizielle Gründungstag Venedigs.

Beutestücke aus Konstantinopel

② 697: Erster Doge

Mit der Eroberung großer Gebiete durch die Langobarden und der Auflösung der römischen Provinz ist Venedig fast auf sich selbst gestellt. 697 wird (historisch umstritten) mit Paoluccio Anafesto der erste Doge erhoben – ein (zunächst) vom byzantinischen Kaiser ernannter Vertreter der Lagune. Spätere Dogen werden gewählt und dann in der Basilica di San Marco dem Volk präsentiert.

③ 1204: Eroberung Konstantinopels

Die Beziehungen zu Byzanz sind gespannt. Auf Drängen des Dogen Enrico Dandolo – und als Ausgleich für die von Venedig gestellten Schiffe – greifen die Armeen des Vierten Kreuzzugs Konstantinopel an. Die Stadt fällt im April 1204 und wird von den Kreuzfahrern geplündert. Zur Beute gehören u. a. die Bronzepferde der Loggia dei Cavalli *(siehe S. 13)*.

④ 1378–81: Chioggia-Krieg

Venedig und Genua rivalisieren lange um die Vorherrschaft im Mittelmeer; 1378 kommt es erneut zu einem – auf See und an Land ausgetragenen – Krieg. Die Rückeroberung Chioggias bringt Venedig den Sieg, der Friedensvertrag von Turin läutet den Niedergang Genuas ein.

Genuesische und venezianische Kriegsschiffe vor Chioggia

1571: Seeschlacht von Lepanto

In der größten Seeschlacht seit der Antike besiegt die Bündnisflotte der »Heiligen Liga« (Rom, Spanien, Venedig und Genua) die Türken.

 1797: Ende der Republik Venedig

Venedigs Machtverlust in Europa ist schleichend. Das tatsächliche Ende der mehr als tausendjährigen Republik markiert 1797 der Einmarsch der Franzosen unter Napoléon – Venedig fällt an Österreich.

1848/49: Revolution

Unter Führung von Daniele Manin erhebt sich Venedig gegen die Habsburger und ruft die Repubblica di San Marco aus: Sie währt 17 Monate, bis sie von der österreichischen Belagerung zermürbt wird.

Statue von Daniele Manin, Campo Manin

 1866: Ende der österreichischen Herrschaft

Nach Habsburgs Niederlage im Deutschen Krieg wird Venedig 1866 an das noch junge, 1861 ausgerufene Königreich Italien angeschlossen.

 1966: Hochwasser

Im November 1966 erlebt die Stadt das verheerendste Hochwasser in ihrer Geschichte. Das facht auch die Sorge um Venedigs zunehmend bröckelnde Struktur an.

 2019: Venedig erneut unter Wasser

Bei Pegelständen von bis zu 187 cm stehen im November 2019 erneut gut 80 Prozent der Stadt unter Wasser.

Häufige Fragen

Überfluteter Uferweg in Cannaregio

1 Geht Venedig unter?
Laut Studien sinkt Venedig wegen der Verfestigung weicher Sedimente unter den Gebäuden zwei Millimeter im Jahr, zudem steigt der Meeresspiegel.

2 Worauf stehen die Gebäude?
Als Fundamente dienen Planken und Steinplatten, die auf tief in den Lehmboden getriebenen Kiefernpfeilern ruhen.

3 Darf man in Kanälen schwimmen?
Schwimmen im Kanal ist streng verboten und zieht hohe Geldstrafen nach sich.

4 Wie tief ist die Lagune?
An den tiefsten Stellen, den mit Pfosten markierten schiffbaren Kanälen, ist die Lagune etwa 15 Meter tief.

5 Kann man im Meer schwimmen?
Ja. Bei regelmäßigen Wasserkontrollen schneidet die obere Adria in der Regel gut ab. Der nächste Strand ist am Lido.

6 Besitzt hier jeder ein Boot?
Der Schein trügt – im Durchschnitt hat nur jede zweite Familie ein Ausflugsboot.

7 Kann man Wasser aus den Trinkbrunnen trinken?
Ja, es ist dasselbe wie aus dem Wasserhahn und wird regelmäßig kontrolliert.

8 Wie sind die Häuser nummeriert?
In jedem Stadtteil (sestiere) folgen die Nummern einseitig einer Straße, wobei sie Seitengassen und Höfe einschließen.

9 Was ist MOSE?
Das System aus beweglichen Fluttoren (Modulo Sperimentale Elettromeccanico) soll Venedig seit 2020 vor dem jährlichen Hochwasser (siehe S. 23) schützen.

10 Warum werden die bröckelnden Fassaden nicht restauriert?
Zum Schutz von Passanten ist hier nur poröser Putz erlaubt, der nicht großflächig abfällt, aber schnell erneut bröckelt.

🔟 Palazzi

Ca' Rezzonico

① Palazzo Ducale
Siehe S. 16–19.

② Ca' d'Oro
Die einstige Pracht der Fassade aus Lapislazuli, Zinnober und Gold ist verblasst, aber die Grazilität des »goldenen Palasts« zeigt sich nach wie vor am Marmormaßwerk und den Arkaden-Loggien aus dem 15. Jahrhundert *(siehe S. 103)*.

Ca' d'Oro

③ Ca' Foscari
Karte L5 ▪ Calle Foscari, Dorsoduro 3246 ▪ nur Führungen nach Vereinbarung ▪ www.unive.it
Das Musterbeispiel für spätgotische Architektur an der Biegung des Canal Grande besitzt eine Reihe zweiflügliger Fenster, über die ein istrischer Steinfries ragt. Die einstige Residenz des Dogen Francesco Foscari – er regierte Venedig 1423–57, länger als jeder andere Doge – ist heute Teil der Universität.

④ Ca' Rezzonico
Karte L5 ▪ Fondamenta Rezzonico, Dorsoduro 3136 ▪ +39 041 241 0100 ▪ Do–So 11–17 Uhr ▪ Eintritt ▪ www.carezzonico.visitmuve.it
Der glanzvolle Palast mit Tiepolo-Deckenfresken, Murano-Glaslüstern und geschnitztem Mobiliar beheimatet nun ein Museum über das Leben im Venedig des 18. Jahrhunderts.

⑤ Palazzo Vendramin-Calergi
Karte C2 ▪ Campiello Vendramin, Cannaregio 2040
Der stattliche Renaissancebau von Lombardo und Codussi war Wohnsitz mehrerer Adelsfamilien – 1589 auch der kretischen Kaufmannsfamilie Calergi. Ein weiterer berühmter Bewohner war Richard Wagner, der hier seine letzten Jahre verlebte. Heute beherbergt der Palazzo das Casinò di Venezia.

⑥ Ca' Dario
Karte D5 ▪ Calle Bastion, Dorsoduro 352 ▪ für Besucher geschl.
Bunte Rundbilder *(tondi)* schmücken den asymmetrischen Palazzo von 1486 *(siehe S. 25)*. Er wurde für Giovanni Dario erbaut, den Botschafter in Konstantinopel, der ein kurzzeitiges Friedensabkommen zwischen Venedig und der Türkei aushandeln konnte, und ist heute in Privatbesitz.

⑦ Palazzo Mastelli

Karte D1 ▪ Rio della Madonna dell'Orto, Cannaregio 3932 ▪ für Besucher geschl.

Der in verschiedenen Stilen gestaltete Palazzo war im 12. Jahrhundert Wohnsitz dreier Kaufmannsbrüder aus Morea auf dem Peloponnes – ihre Abbilder sind am benachbarten Campo dei Mori *(siehe S. 104)* zu sehen. Die Fassade zieren Löwen, Vögel und ein Kamel.

⑧ Palazzi Contarini degli Scrigni e Corfu

Karte C5 ▪ Calle Contarini Corfu, Dorsoduro 1057 ▪ für Besucher geschl.

Das ursprüngliche, im 15. Jahrhundert erbaute Haus wurde 200 Jahre später von Vincenzo Scamozzi für die wohlhabenden Contarinis aus dem Veneto erweitert, die ihren Beinamen *degli Scrigni* (»der Schatzkästchen«) wohl zu Recht hatten. Die Plattform auf dem Dach diente als Observatorium.

⑨ Palazzo Barbaro

Karte M6 ▪ Rio dell'Orso, San Marco 2840 ▪ für Besucher geschl.

Cole Porter, Diaghilew, Monet und Whistler waren in diesem Doppelpalazzo zu Gast – eingeladen von der Curtis-Familie aus Boston. Henry James *(siehe S. 53)* schrieb hier *Asperns Nachlass* und übernahm den Schauplatz für *Die Flügel der Taube*.

⑩ Palazzo Pisani-Moretta

Karte M4 ▪ Ramo Pisani e Barbarigo, San Polo 2766 ▪ für Besucher geschl.

Zum Karneval ist der Palast Schauplatz eines Maskenballs. Wichtige Persönlichkeiten reisen dann wie einst der russische Zar oder Napoléons Joséphine mit Gondeln an.

Palazzo Pisani-Moretta

TOP10 Kirchen

1 **Basilica di San Marco**
Siehe S. 12–15.

2 **Santa Maria Gloriosa dei Frari**
Siehe S. 32f.

Santi Giovanni e Paolo

3 **Santi Giovanni e Paolo**
Karte E3 ■ Campo Santi Giovanni e Paolo, Castello ■ Mo–Sa 9–18 Uhr, So 12–18 Uhr ■ Eintritt ■ www.basilicasantigiovanniepaolo.it

In der imposanten gotischen Kirche, an der Dominikanermönche vom 13. bis zum 15. Jahrhundert bauten, stehen monumentale Grabmäler von 25 Dogen, darunter auch das von Pietro Mocenigo, der Venedigs Ostkolonien gegen die Türken verteidigt hatte (Westmauer). Den Innenraum zieren Gemälde von Veronese und ein Polyptychon (1465) von Giovanni Bellini.

4 **Santa Maria dei Miracoli**
Pietro Lombardos 1481–89 errichtetes Glanzstück – bei den Venezianern für Hochzeiten sehr beliebt – erstrahlt nach einer Restaurierung wegen aufsteigender Feuchtigkeit

wieder in alter Pracht. Das Problem ist nicht neu – in der Renaissance befestigte man Marmorplatten mit etwas Abstand an der Fassade, um die Luft zirkulieren zu lassen. Die Decke der Kirche zeigt vergoldete Heiligenminiaturen *(siehe S. 104)*.

5 **San Zaccaria**
Karte F4 ■ Campo San Zaccaria, Castello ■ Mo–Sa 10–12 & 16–18 Uhr, So 16–18 Uhr ■ Eintritt für Kapellen & Krypta

Die Glanzstücke der Kirche aus dem 9. Jahrhundert sind die von Conducci kunstvoll verzierte Fassade (15. Jh.) und Giovanni Bellinis *Madonna mit Heiligen* (1505) im Innenraum. Im Konvent nebenan (nun Polizeirevier) wurden die Nonnen einst mit Puppenspielen unterhalten.

6 **San Giorgio Maggiore**
Karte F5 ■ San Giorgio Maggiore ■ tägl. 9–18 Uhr (Apr–Okt bis 19 Uhr) ■ Eintritt für Glockenturm

Palladios harmonisch proportionierte, 1566–1610 erbaute Kirche steht auf der gleichnamigen Insel *(siehe S. 123)* gegenüber der Piazza San Marco. Der Altarraum birgt zwei Gemälde Tintorettos von 1594: *Sammlung des Manna* und *Das letzte Abendmahl*. Vom Glockenturm genießt man einen weiten Blick. Samstags um 11 Uhr sind in der Kirche Gregorianische Choräle zu hören.

7 **Santa Maria della Salute**
Karte D5 ■ Campo della Salute, Dorsoduro ■ tägl. 9–12 & 15–17.30 Uhr ■ Eintritt für Sakristei

Die 1687 geweihte Barockkirche am südlichen Ende des Canal Grande ist eines der bekanntesten Wahrzeichen Venedigs. Der Innenraum des 1631 von Longhena begonnenen Baus ist hell und geräumig. Der Altarraum birgt eine wertvolle byzantinische Ikone und in der Sakristei hängen Gemälde von Tizian und Tintoretto.

⑧ San Sebastiano

Paolo Veronese verbrachte viele Jahre seines Lebens damit, Decke, Wände, Orgeltüren und Altarraum dieser bescheidenen Kirche aus dem 16. Jahrhundert mit Gemälden zu verzieren. Sein Grab befindet sich hier, inmitten seiner farbenfrohen Werke *(siehe S. 98)*.

⑨ Madonna dell'Orto

Karte D1 ▪ Campo Madonna dell'Orto, Cannaregio ▪ Mo – Sa 10 – 17 Uhr, So 12 –17 Uhr ▪ Eintritt/Spende

Die gotische Kirche an einem ruhigen Seitenkanal schmücken riesige Gemälde des frommen Gemeindemitglieds Tintoretto. Zwei 1563 entstandene Meisterwerke des Künstlers flankieren den Hochaltar: das schaurige *Jüngste Gericht* und die *Anbetung des Goldenen Kalbs*.

Madonna dell'Orto

⑩ San Pantalon

Karte K4 ▪ Campo San Pantalon, Dorsoduro ▪ Sa – Do 10 –12.30 & 15.30 –18 Uhr ▪ www.sanpantalon.it

Die Kirche mit der baufällig wirkenden Fassade birgt zwei Schätze: einen Nagel vom Heiligen Kreuz in einem gotischen Altar und die überwältigende Deckenmalerei (1680 – 1704) von Gian Antonio Fumiani, der bei dieser Arbeit vom Gerüst fiel und sich tödlich verletzte.

Schreine & Tabernakel

Frische Blumen für San Antonio

1 San Antonio
Karte D2 ▪ Calle Larga, Cannaregio
Dieses »Kästchen« von 1668 ist immer voller frischer Blumen.

2 Sotoportego de la Madonna
Karte D3 ▪ Sant'Aponal, San Polo
Papst Alexander III. floh 1177 vor Kaiser Barbarossa an diesen Ort.

3 Schrein des Gondoliere
Karte R5 ▪ Ponte della Paglia, San Marco
Eine Madonna von 1583 grüßt die Boote an der Brücke.

4 Corte Nuova
Karte G4 ▪ Castello
Über einen mit Spitzen besetzten Sims sind bunte Bilder gemalt.

5 Passage in der Calle Zorzi
Karte F4 ▪ Castello
Am Durchgang zur Corte Nova bittet man um den Schutz Marias vor Seuchen und feindlichen Angriffen.

6 Scuola Grande della Misericordia
Karte D2 ▪ Cannaregio
Schnitzereien beladener Boote erbitten Schutz für ablegende Fähren.

7 Corte de Ca' Sarasina
Karte H5 ▪ Castello
Der Schrein gedenkt der Toten seit dem 17. Jahrhundert.

8 Ponte del Fontego
Karte F3 ▪ Campo San Giustina, Castello
Die klassizistische Brücke zeigt Basreliefs von Gondeln.

9 Madonna am Traghetto-Punkt
Karte L4 ▪ San Tomà, San Polo
Eine Madonnenstatue steht auf einem Pfahl im Canal Grande.

10 Bootsfahrer-Pfahl
Etwa in der Mitte des Kanals San Giuliano –Venezia steht ein Tabernakel auf einem Pfahl.

TOP10 Berühmte Venezianer

1 Marco Polo

Das legendäre Cathay und das Königreich des mächtigen Kublai Khan nehmen eine vorrangige Stellung in *Il Milione – Die Wunder der Welt* ein, Marco Polos (1254–1324) Bericht über seine 20-jährige Odyssee im Fernen Osten. Dem Sohn eines venezianischen Kaufmanns verdankt die westliche Welt die Einführung von Pasta und Jalousien.

Marco Polo

2 Antonio Vivaldi

Der geniale Musiker (1678–1741) war als Komponist überaus einflussreich. Von seinen 500 Konzerten sind *Die vier Jahreszeiten* die bekanntesten; zehn wurden von Johann Sebastian Bach transponiert. Vivaldi lehrte lange Zeit im Mädchenheim von Santa Maria della Pietà *(siehe S. 109)*.

3 Giacomo Casanova

Die sagenumwobene romantische Figur (1725–1798) war abwechselnd Diplomat, Gelehrter, Priesterschüler, Abenteurer, Spieler, Notariatsangestellter, Violinist, Frauenheld, Verbannter, Millionär, Autor und Spion. Casanova war unter dem Vorwurf der Zauberei im Palazzo Ducale *(siehe S. 16–19)* inhaftiert, aus dem er auf recht verwegene Weise ausbrach.

Giacomo Casanova

4 Claudio Monteverdi

Der Madrigalist (1567–1643) der Spätrenaissance wird allgemein mit der Einführung der Solostimme im Musiktheater in Verbindung gebracht. Sein Werk *Proserpina Rapita* war die erste in Venedig aufgeführte Oper. Nach langer Zeit am Hof der Gonzagas nahm Monteverdi eine Stelle in der Basilica di San Marco an und arbeitete für die Scuola Grande di San Rocco *(siehe S. 89)*.

5 Giovanni Caboto

Der italienische Seefahrer (1450–1499) und seine Söhne waren vom englischen König Henry VII beauftragt, neue Länder für eine Ausweitung des Handels zu finden. Als er auf Neufundland stieß und es für England beanspruchte, wähnte sich Caboto an Asiens Nordostküste.

6 Elena Lucrezia Cornaro Piscopia

Da es 1678 für die Kirche undenkbar war, dass eine Frau Religion unterrichtet, verlieh die Universität von Padua Elena Piscopia (1646–1684) statt der Theologiewürde einen Titel in Philosophie. Sie war damit die erste Frau mit akademischem Grad.

7 Daniele Manin

Ein Platz samt Statue ehrt den venezianischen Patrioten (1804–1857) und Revolutionär, der 1848 die Rebellion gegen die Habsburger organisierte *(siehe S. 45)*. Die unter seiner Führung ausgerufene Republik überdauerte 17 Monate Beschuss und sogar Cholera und endete mit Manins Exil in Paris.

8 Paolo Sarpi

Als der Papst Venedig 1509 wegen Auflehnung exkommuniziert hatte (was auch Restriktionen beim Kirchenbau einschloss), führte der Ordensmann und Historiker Sarpi (1552–1623) eine Aussöhnung herbei. Später fiel er in Ungnade und wurde mit dem päpstlichen Bann belegt, da er sich für die Trennung von Staat und Kirche einsetzte.

Caterina Cornaro

⑨ Caterina Cornaro

Die venezianische Adlige (1454–1510) heiratete den König von Zypern, vergiftete ihn dann angeblich und sicherte Venedig die strategisch wichtige Insel. Ihre Rückkehr in die Stadt war von großem Pomp begleitet. An den Tag erinnert eine Wasserprozession bei der jährlichen Regata Storica *(siehe S. 77)*. Als Belohnung erhielt Caterina Cornaro die Hügelstadt Asolo.

⑩ Luigi Nono

Der Komponist (1924–1990) setzte Meilensteine in der elektronischen Musik. 1993 wurde ein nach ihm benanntes Archiv gegründet. Die Werke des Kommunisten waren nicht selten provokativ.

Avantgarde-Komponist Luigi Nono

Ausländische Gemeinschaften

Claude Monets Bild *Le Grand Canal*

1 Franzosen
Théophile Gautier reiste 1852 nach Venedig, Claude Monet und Marcel Proust kamen Anfang des 20. Jahrhunderts in die Lagunenstadt.

2 Griechen
Die älteste Gemeinschaft in Venedig besteht seit 1498 und hat eine eigene Kirche.

3 Armenier
Die enge religiöse Gruppe war einst vor den Türken geflohen und erhielt von der Republik eine eigene Insel *(siehe S. 124)*.

4 Dalmatiner / Slawen
Die Boote der dalmatinischen Händler gaben der Riva degli Schiavoni *(siehe S. 109)* ihren Namen.

5 Türken
Obwohl die Türken Feinde der Republik waren, betrieben sie hier zwischen 1621 und 1898 ein Handelszentrum.

6 Juden
Die Spanische Inquisition war Auslöser dafür, dass viele Juden aus anderen europäischen Ländern nach Venedig emigrierten.

7 Albaner
Die Calle degli Albanesi nahe der Piazza San Marco ist zu Ehren der im 15. Jahrhundert großen Gemeinde benannt.

8 Deutsche
Das ehemalige deutsche Handelszentrum Fondaco dei Tedeschi zog einst Künstler wie Albrecht Dürer an.

9 Briten
Für die britische Oberschicht waren im 19. Jahrhundert Aufenthalte in Venedig bei der *Grand Tour* obligatorisch.

10 Amerikaner
Schon seit dem 19. Jahrhundert hielten und halten sich Literaten und Kunstmäzene gern längere Zeit in Venedig auf.

TOP 10 Schriftsteller und Venedig

Teatro Comunale Carlo Goldoni

1 Carlo Goldoni

Der »Molière Italiens« (1707–1793) wird noch heute in dem nach ihm benannten Theater aufgeführt (siehe S. 65). Seine Komödien werden in venezianischem Dialekt gespielt, die Figuren sind stadtbekannte Persönlichkeiten. Der Dramatiker ging nach Paris, wo er von einer königlichen Pension lebte. Die Französische Revolution beendete den Geldfluss und Goldini starb verarmt.

2 Thomas Mann

Der deutsche Autor (1875–1955) und Nobelpreisträger schrieb die 1912 erschienene Novelle *Der Tod in Venedig* vor Ort. Das Buch erzählt vom alternden Schriftsteller Aschenbach, der zur Erholung nach Venedig reist, dort einer irrationalen Leidenschaft erliegt und schließlich an der sich ausbreitenden Cholera stirbt.

3 William Shakespeare

Da er Italien nie selbst kennengelernt hatte, nutzte der englische Dramatiker (1564–1616) Berichte von Reisenden für die Stücke *Der Kaufmann von Venedig* und *Othello*, in denen ein sehr geschäftiges Venedig voller Intrigen porträtiert ist. *Romeo und Julia* ist in Verona (siehe S. 130) angesiedelt.

4 Thomas Coryate

Der exzentrische Gentleman (1577–1617) aus dem englischen Somerset war der erste Reisende, der eine detaillierte Beschreibung Venedigs in englischer Sprache verfasste. Teile des 1611 erschienenen Sittengemäldes *Coryate's Crudities* gibt es in deutscher Übersetzung: als *Beschreibung von Venedig – 1608*.

5 Johann Wolfgang von Goethe

Von dem deutschen Dichterfürsten (1749–1832) heißt es, er habe von Venedigs Campanile aus zum ersten Mal das Meer gesehen. Goethe fühlte sich vom »Land, wo die Zitronen blühn« sehr angezogen

und verarbeitete seine Erfahrungen in der *Italienischen Reise*. Der zwischen 1813 und 1817 verfasste Bericht basiert auf den Reisetagebüchern, die Goethe während seines Italienaufenthalts 1786–88 schrieb.

Johann Wolfgang von Goethe

6 Lord Byron

Seine Menagerie mit Affen und Füchsen und die kaum weniger exzentrischen schwimmerischen Aktionen im Canal Grande machten den englischen Romantiker (1788–1824) bei seinem dreijährigen Aufenthalt in der Stadt zu einer Legende. Von Venedig inspiriert sind u. a. *The Two Foscari* und der vierte Gesang des autobiografischen Werks *Childe Harold's Pilgrimage*.

7 John Ruskin

Ruskins akribisches, vielleicht etwas schulmeisterliches Werk *Die Steine von Venedig* lenkte die Aufmerksamkeit von Reisenden erstmals auf das einzigartige architektonische Erbe der Stadt. Das Buch des briti-

William Shakespeare

schen Kunstkritikers (1819–1900) entstand während und nach einem Venedig-Besuch im Jahr 1849.

8 Henry James

Leitmotiv des amerikanisch-britischen Romanciers (1843–1916) war stets der Kontrast zwischen der »Spontaneität der Neuen Welt« und der »Gesetztheit Europas«. Von 1872 bis 1909 arbeitete er an *Italian Hours*, einem Reisetagebuch, das viele Bemerkungen zu Venedig enthält.

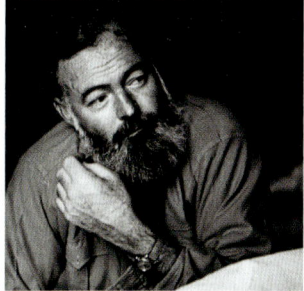

Ernest Hemingway

9 Ernest Hemingway

Im Roman *In einem anderen Land* (1929) beschreibt der amerikanische Nobelpreisträger (1899–1961) seine Erfahrungen als Sanitäter im Ersten Weltkrieg in Italien. *Über den Fluss und in die Wälder* (1950) spielt in Harry's Bar *(siehe S. 25).*

10 Charles Dickens

Der englische Schriftsteller (1812–1870) hielt sich nur kurz in Venedig auf, ließ sich dabei aber zu einer Traumsequenz in *Bilder aus Italien* (1846) inspirieren.

Illustration aus »Ein italienischer Traum« in Dickens' *Bilder aus Italien*

Literatur über Venedig

Viscontis *Tod in Venedig* ist eine Verfilmung von Thomas Manns Novelle

1 *Der Tod in Venedig*, **Thomas Mann**
Die Novelle über Verlangen und Dekadenz führt durch Venedig im Nebel.

2 *Ufer der Verlorenen*, **Joseph Brodsky**
Der russische Nobelpreisträger verfasste eine Liebeserklärung an die Stadt.

3 *Venedig. Der literarische Führer*, **Doris und Arnold Maurer (Hrsg.)**
So sehen berühmte Autoren die Stadt.

4 *Der Spiegelmacher*, **David Thompson**
Der Kriminalroman spielt im Venedig des 16. Jahrhunderts.

5 *Stadt in der Lagune*, **Richard Goy**
Die Architekturgeschichte reicht von den Anfängen bis ins späte 20. Jahrhundert.

6 *Geschichte meines Lebens*, **Giacomo Casanova**
Die Autobiografie beschreibt auch Casanovas Flucht aus dem Kerker *(siehe S. 50).*

7 *Casanovas Venedig*, **Lothar Müller**
Das Reiselesebuch folgt Giacomo Casanovas Spuren durch die Stadt.

8 *Tödliche Lagune*, **Michael Dibdin**
Detektiv Aurelio Zen kämpft in den düsteren Kanälen gegen tödliche Intrigen.

9 *Stabat Mater*, **Tiziano Scarpa**
Schauplatz des Romans ist das Ospedale della Pietà, Waisenhaus und Musikschule, Anfang des 18. Jahrhunderts.

10 *Commissario-Brunetti*-Romane, **Donna Leon**
In der vielteiligen Krimireihe begleitet man Guido Brunetti durch ganz Venedig.

TOP10 Künstler

Madonna del Prato (1505), Giovanni Bellini

1 Giovanni Bellini

Zusammen mit Vater Jacopo und Bruder Gentile machte Giovanni Bellini (1430–1516) Venedig zum bedeutenden Kunstzentrum der Renaissance. Typisch für Bellinis Werke sind leuchtende Madonnen und ein ernst blickender Petrus.

2 Tizian (Tiziano Vecellio)

Der bekannte Künstler (1488–1576), ein Schüler Giovanni Bellinis, stammt aus der Region Cadore, deren Dolomitengipfel oft in seinen farbenfrohen Werken auftauchen. Tizian kam im Alter zwischen neun und zwölf Jahren nach Venedig und wurde zunächst beim Mosaikmaler Sebastiano Zuccato ausgebildet.

3 Canaletto (Giovanni Antonio Canal)

Der für venezianische und englische Landschaften berühmte Maler (1697–1768) war Protegé des britischen Konsuls Joseph Smith. Leider finden sich hier kaum Bilder von ihm.

4 Jacopo Tintoretto

Viele große Gemälde dieses bedeutenden Manieristen (1518–1594) der Spätrenaissance sind in der Scuola Grande di San Rocco *(siehe S. 89)* zu sehen, einige auch in der Kirche Madonna dell'Orto *(siehe S. 49)*.

5 Paolo Veronese

Veronese (1528–1588) war der führende Maler der Venezianischen Schule. Seine riesigen Gemälde sind im Palazzo Ducale *(siehe S. 16–19)* und in der Kirche San Sebastiano *(siehe S. 98)* zu bewundern.

6 Giovanni Battista Tiepolo

Der Künstler (1696–1770) schuf poetische Rokokofresken in leuchtenden Farben, wie sie in der Scuola Grande dei Carmini *(siehe S. 38)* zu bestau-

Canal Grande, Blick nach Norden (späte 1720er Jahre), Canaletto

nen sind. Auch die Villa Valmarana ai Nani bei Vicenza birgt eindrucksvolle Beispiele seiner Arbeit, als Hauptwerk gelten jedoch die Fresken im Treppenhaus und im Kaisersaal der Würzburger Residenz.

⑦ Vittore Carpaccio

Der Renaissancemeister (1465–1525), gebürtiger Venezianer, zeichnete und malte detaillierte Alltagsszenen der Stadt. Sein Erzählstil und der kunstvolle Einsatz von Licht prägen die Bilderzyklen, die in den Gallerie dell'Accademia *(siehe S. 31)* und in der Scuola di San Giorgio degli Schiavoni *(siehe S. 57)* hängen.

⑧ Giorgione

Der vollständige Name des Malers lautet Giorgio da Castelfranco – nach dem Geburtsort im Veneto. In seinem kurzen Leben (1477–1510) schuf er denkwürdige Stimmungsbilder, die jene seines Meisters Giovanni Bellini übertreffen. Eines seiner berühmtesten Gemälde, *Das Gewitter*, ist in den Gallerie dell'Accademia *(siehe S. 30)* zu bewundern.

Maria mit Kind in einer Landschaft (1504), Giorgione

⑨ Pietro Longhi

Pietro Longhis (1702–1785) geistreiche Szenen von Venedigs Oberschicht sind in der Fondazione Querini Stampalia *(siehe S. 56)* und im Palazzo Ca' Rezzonico *(siehe S. 46)* zu sehen. Viele seiner Figuren tragen traditionelle venezianische Masken.

⑩ Rosalba Carriera

Die Malerin (1673–1757) gilt als meistgeschätzte Miniaturistin des Rokoko – ihre Werke zierten viele Schnupftabakdosen. Später wechselte sie von Öl zur Pastellmalerei. Zu ihren Sujets zählten mythologische und allegorische Figuren, aber auch lebensnahe Porträts.

Venedigs Baumeister

Andrea Palladio schuf die imposante Kirche Il Redentore

1 Andrea Palladio (1508–1580)
Einer der einflussreichsten Baumeister seiner Zeit entwarf neben vielen Villen im Veneto auch Kirchen in Venedig.

2 Jacopo Sansovino (1486–1570)
Jacopo Tatti lernte in Florenz bei Andrea Sansovino und nahm dessen Namen an. Zu seinen großen Arbeiten zählen die Libreria *(siehe S. 22)* und die Zecca.

3 Baldassare Longhena (1598–1682)
Das Hauptwerk Longhenas ist die Santa Maria della Salute, aber auch die Ca' Rezzonico *(siehe S. 46)* zeigt seinen Stil.

4 Pietro Lombardo (1435–1515)
Der Bildhauer aus der Lombardei übernahm die Bauaufsicht beim Palazzo Ducale, als Antonio Rizzi, der Veruntreuung angeklagt, geflohen war. Als sein Meisterwerk gilt die Renaissancekirche Santa Maria dei Miracoli *(siehe S. 104)*.

5 Mauro Codussi (um 1440–1504)
Zu den Renaissancebauten des gebürtigen Lombarden gehört der Palazzo Vendramin-Calergi *(siehe S. 46)*.

6 Bartolomeo Bon (1374–1464)
Die Scuola Grande di San Rocco basiert auf Entwürfen des Bildhauers und Baumeisters, der auch am Palazzo Ca' d'Oro *(siehe S. 46)* mitarbeitete.

7 Michele Sanmicheli (1484–1559)
Befestigungsanlagen des Baumeisters finden sich in seiner Heimatstadt Verona.

8 Antonio da Ponte (1512–1595)
Bekannt ist der Baumeister vor allem für den Ponte di Rialto *(siehe S. 58)*.

9 Giannantonio Selva (1757–1819)
In Venedig ist Selva insbesondere für das Teatro La Fenice *(siehe S. 64)* bekannt.

10 Carlo Scarpa (1906–1978)
Der Modernist Carlo Scarpa gestaltete die Accademia-Sammlung wie auch die Querini Stampalia neu – mit japanisch inspirierter Geradlinigkeit.

TOP10 Museen & Sammlungen

1 Gallerie dell'Accademia
Siehe S. 30f.

2 Museo del Merletto
Karte H1 ■ **Piazza Baldassare Galuppi 187, Burano** ■ **+39 041 730 034** ■ **Do–So 12–16 Uhr** ■ **Eintritt** ■ www.museomerletto.visitmuve.it

Freunde schöner Spitze sollten unbedingt die Insel Burano besuchen. Das Museum erläutert an mehr als 200 Beispielen die 500-jährige Geschichte der Spitzenfertigung.

3 Museo del Vetro
Karte G2 ■ **Fondamenta Giustinian 8, Murano** ■ **+39 041 243 4914** ■ **Do–So 11–17 Uhr** ■ **Eintritt** ■ www.museovetro.visitmuve.it

Ein gewaltiger Kronleuchter aus dem Jahr 1864, der aus 356 handgefertigten Einzelteilen besteht, rund 330 Kilogramm wiegt, vier Meter hoch ist und einen Umfang von sieben Metern aufweist, ist das Prachtstück des Glasmuseums auf Murano. Darüber hinaus sind hübsche phönizische Fläschchen, mundgeblasene Vasen, Spiegel und kaleidoskopische Perlen zu bestaunen.

Murano-Glasschale, Museo del Vetro

4 Palazzo Grassi
Die herausragenden Exponate zeitgenössischer Kunst, die in dem schönen Palazzo am Canal Grande zu bewundern sind, werden regelmäßig ausgetauscht. Das großartige Haus ist in Besitz des französischen Unternehmers François Pinault, der hier seine privaten Sammlungen präsentiert. Die Kuratoren arbeiten dabei eng mit der Galerie Punta della Dogana *(siehe S. 98)* zusammen *(siehe S. 82)*.

5 Fondazione Querini Stampalia
Karte R4 ■ **Campo Santa Maria Formosa, Castello 5252** ■ **+39 041 271 1411** ■ **Di–So 10–18 Uhr** ■ **Eintritt** ■ www.querini stampalia.org

Giovanni Querini, letztes Mitglied der berühmten Dynastie, stiftete den Renaissancepalast. Bedingung war, dass die Bibliothek »insbesondere an den Abenden den Gelehrten zugänglich sei«. Das vorbildlich restaurierte Palastmuseum beherbergt faszinierende Werke von Gabriel Bella und Pietro Longhi sowie Arbeiten des Architekten Carlo Scarpa.

⑥ Museo Correr

Das Museum auf der Piazza San Marco *(siehe S. 20f)* beherbergt unschätzbare Kunstwerke und viele Objekte aus Venedigs glorreicher Vergangenheit *(siehe S. 22)*.

Museo Correr

⑦ Ca' Pesaro

Der Palazzo ist ein barockes Schmuckstück, in dem die Galleria d'Arte Moderna Werke europäischer Meister des 19. und 20. Jahrhunderts – darunter auch Marc Chagall und Gustav Klimt – sowie eine eindrucksvolle Sammlung italienischer Kunst präsentiert. Im dritten Stock zeigt das staatliche Museo d'Arte Orientale fernöstliche Kunst und Kunsthandwerksobjekte *(siehe S. 91)*.

November 1870 von Telemaco Signorini, Ca' Pesaro – Galleria d'Arte Moderna

⑧ Scuola di San Giorgio degli Schiavoni

Karte F4 ▪ **Calle dei Furlani, Castello 3259** ▪ **+39 041 522 8828** ▪ **Mi – Mo 10 –17.30 Uhr** ▪ **Eintritt** ▪ **www. scuoladalmatavenezia.com**

Das Haus der Bruderschaft der Dalmatiner *(Schiavoni)* birgt die schönsten Gemälde von Vittore Carpaccio *(siehe S. 55)*. Zu den Szenen aus dem Leben dalmatinischer Heiliger gehört z. B. *Der heilige Georg tötet den Drachen* (1502).

⑨ Scuola Grande di San Rocco

Der einstige Sitz der San-Rocco-Bruderschaft dient nun als Museum, um Tintorettos herrliche Werke zu zeigen. Der Künstler gewann den Wettbewerb um die Gestaltung der Deckenfreskos. Statt nur eine Skizze abzugeben, reichte er eine ganze Leinwand ein. 23 Jahre arbeitete er an dem Zyklus von 60 Szenen aus Altem und Neuem Testament, dessen Höhepunkt die *Kreuzigung* (1565) ist. Die Bilder gelten als Krönung seines Lebenswerks *(siehe S. 89)*.

Prächtige Festgondel der Dogen, Museo Storico Navale

⑩ Museo Storico Navale

Karte G4 ▪ **Campo San Biagio, Castello 2148** ▪ **+39 041 244 1399** ▪ **Fr – So 11–17 Uhr** ▪ **Eintritt** ▪ **www. msn.visitmuve.it**

Das Seefahrtsmuseum zeigt historische Wasserfahrzeuge aller Art, vor allem aus der Blütezeit der Löwenrepublik. Glanzstück der Sammlung ist die Nachbildung eines *bucintoro*, einer Festgondel der Dogen, die reich mit allegorischen Figuren geschmückt ist.

TOP 10 Brücken

Dreibogige Steinbrücke Ponte dei Tre Archi

1 Ponte dei Tre Archi
Karte B1

Die mit ihren drei Bogen recht ungewöhnliche Brücke überspannt den Canale di Cannaregio kurz vor der Lagunenmündung. Errichtet hat sie 1688 der Baumeister Andrea Tirali, den seine Arbeiter im Allgemeinen als *tiranno* (Tyrann) betitelten.

2 Ponte di Rialto
Karte P3

Führende Baumeister wie Michelangelo, Sansovino und Palladio bewarben sich für die Gestaltung der Rialtobrücke, der heute bekanntesten Brücke Venedigs. Gewinner war

Antonio da Ponte, dessen Pläne 1588 bis 1591 umgesetzt wurden. An der Stelle hatte es zuvor schon zwei Brücken gegeben: eine Holzbrücke, die 1444 unter dem Gewicht einer Menschenmenge eingestürzt war, und eine Zugbrücke, die die Durchfahrt hochmastiger Segelschiffe erlaubte *(siehe S. 34f)*.

3 Ponte dei Sospiri
Karte R5

Die berühmte Seufzerbrücke verdankt ihren Namen den Gefangenen, die sie auf ihrem Gang vom Palazzo Ducale ins angrenzende Gefängnis überqueren mussten *(siehe S. 17)*.

4 Ponte degli Scalzi
Karte J1

Von der 40 Meter langen und sieben Meter hohen Brücke – eine der meistbegangenen Venedigs – genießt man einen wunderbaren Blick auf den Canal Grande und seine faszinierenden Palazzi. Eugenio Miozzi schuf die nach dem nahe gelegenen Barfüßerkloster benannte Brücke 1934 aus istrischem Stein und ersetzte damit eine österreichische Konstruktion aus Schmiedeeisen.

Ponte della Libertà

5 Ponte della Libertà
Karte A2

Wahrheit und Ironie verbinden sich im Namen der 3,6 Kilometer langen »Freiheitsbrücke«: Venedigs erste Straßenverbindung zum Festland wurde 1933 unter faschistischem Regime gebaut (den Namen erhielt sie erst nach dem Krieg). Die benachbarte, von den Österreichern erbaute Eisenbahnbrücke wurde 1846 eingeweiht. Davor war die Stadt nur per Boot erreichbar.

6 Ponte dei Pugni
Karte K5

Bis 1705 fanden auf dieser Brücke Faustkämpfe *(pugni)* zwischen rivalisierenden Clans statt. Fußabdrücke markierten die Ausgangsposition der Kämpfer, die sich am Ende meist beide im Kanal wiederfanden.

7 Brücke ohne Brüstung
Karte D2

Eine der letzten zwei Brücken ohne Geländer überspannt einen Seitenkanal in Cannaregio. Die andere ist der Ponte del Diavolo auf Torcello.

8 Ponte delle Tette
Karte M2

Als man um 1400 eine Zunahme homosexueller Unzucht verzeichnete, wurden Venedigs Prostituierte ermutigt, hier ihre weiblichen Reize zur Schau zur stellen – die »Busenbrücke« hatte ihren Namen weg.

9 Tre Ponti
Karte B3

Nicht drei, sondern fünf miteinander verbundene Brücken überspannen die Kanäle beim Piazzale Roma. Die Konstruktion aus Holz und Stein bietet Sicht auf 13 weitere Brücken.

Tre Ponti

10 Ponte della Costituzione
Karte B3

Die Brücke mit Treppenstufen, nach dem Architekten Santiago Calatrava auch als Ponte di Calatrava bekannt, verbindet seit 2008 als vierte Canal-Grande-Brücke den Bahnhof Santa Lucia mit dem Piazzale Roma. Design und Kosten sorgten für Kritik.

Brücke ohne Brüstung über den Rio di San Felice

▮TOP▮10 Unbekanntes Venedig

1 Kreuzgang von Sant'Apollonia

Karte R4 ▪ Ponte della Canonica, Castello 4312 ▪ tägl. 10–19 Uhr ▪ Eintritt

Den Hof im Benediktinerkloster Sant'Apollonia (nun Diözesanmuseum), Venedigs einzigem romanischen Bau, säumen Arkaden mit Zwillingssäulen – ein herrlich friedlicher Ort.

Skulpturen an der Kirche von Sant'Elena

Kreuzgang von Sant'Apollonia

2 Rio Terrà Rampani

Karte M2 ▪ San Polo

Die ruhige Durchgangsstraße gleich beim Ponte delle Tette *(siehe S. 59)* ist auch als Carampane bekannt und war 1421 Venedigs Rotlichtbezirk. In der Stadt waren damals 11 600 Prostituierte registriert. Bordelle galten als unvermeidliche, für den Erhalt der Familie nützliche Einrichtungen.

3 Sant'Elena

Karte H6

Ganz im Osten von Venedig findet man auf dieser kleinen, durch Brücken mit Castello verbundenen Insel eine wunderbar schattige Parklandschaft am Wasser vor. Kinder freuen sich über die Spielplätze, Erwachsene über einladende Cafés ohne Touristen.

4 Zwischen Celestia & Bacini

Karte G3 ▪ Castello

In einer vernachlässigten Gegend von Castello lädt ein stimmungsvoller Uferweg zum Spaziergang an der Lagune ein. Er führt entlang der Mauer der alten Arsenale-Werft zu einer Gruppe von Arbeiterhäusern.

5 Corte dell'Anatomia

Karte L2 ▪ Santa Croce

Der Name des angenehm ruhigen Hofs geht auf einen Hörsaal der Anatomie zurück, der sich 1368 hier befand. 1671 wurde auf der anderen Seite der Brücke auf dem Campo San Giacomo dell'Orio eine weitere Anatomieschule gegründet – heute ein abgeschiedenes, von Wein umranktes Gebäude.

Calle del Paradiso

7 Campo dei Gesuiti
Karte E2 ■ **Cannaregio**

An dem Platz, auf dem oft Kinder spielen, steht eine Jesuitenkirche und der Crociferi-Komplex, der als Kloster erbaut wurde, dann als Kaserne diente und nun ein Studentenwohnheim ist – im Hof kann man noch den Kreuzgang sehen. Am Kanal lockt ein Café.

8 Corte del Duca Sforza
Karte L5 ■ **San Marco**

Der malerische Hof, der sich zum Canal Grande öffnet, ist nach dem Herzog von Mailand benannt, der hier 1461 einen unfertigen Palazzo übernahm, bei dem die Arbeit allerdings nie über die Quadersteine der Fassade hinausging. Tizian nutzte den Bau als Atelier, als er im Palazzo Ducale *(siehe S. 16–19)* arbeitete.

6 Calle del Paradiso
Karte R3 ■ **Castello**

Ein schiefer, aber filigran skulptierter Bogen aus dem 15. Jahrhundert, der die Verehrung der Jungfrau Maria zeigt, ist namensgebend für die reizvolle Gasse. Augenfällig sind hier die *barbacani* genannten Hausüberkragungen – Konstruktionen aus Holz, die ab dem ersten Stock aus der Fassade ragen. Sie wurden im Mittelalter gebaut, um den Wohnraum zu vergrößern, ohne den Verkehr in den Gassen einzuschränken. Der Nachteil ist, dass dadurch kaum Sonnenlicht nach unten fällt.

9 Campo della Celestia
Karte G3 ■ **Castello**

In der nun ruhigen Wohngegend sorgten im 13. Jahrhundert berühmt-berüchtigte Zisterziensernonnen gern für politische Aufruhr. Unter Napoléon war hier ein Stadtarchiv untergebracht.

10 Campo della Maddalena
Karte D2 ■ **Cannaregio**

Der hübsche, etwas erhöhte Platz gleich neben der Strada Nova ist seit dem Mittelalter unverändert und diente schon oft als Filmkulisse. Auf den Dächern der schlichten Häuser entdeckt man Schornsteine in den unterschiedlichsten Formen.

Der ansprechende Campo della Maddalena

TOP10 Kinder

Die Giardini, eine Parkanlage in Castello, bieten Kindern viel Platz zum Toben

1 Spielplätze

Kinder, die von Kunst und Architektur genug haben, können sich auf den Rutschen, Schaukeln und Klettertürmen der Spielplätze im Parco Savorgnan beim Ponte delle Guglie in Cannaregio und in dem umzäunten Uferpark in den Giardini in Castello *(siehe S. 111)* austoben. In der großen, schattigen Anlage von Sant'Elena *(siehe S. 60)* gibt es sogar eine kleine Skaterbahn und eine künstliche Kletterwand. Auf dem Campo San Polo kann man schnell Freundschaft mit einheimischen Kindern schließen.

2 Bootsausflüge

Ausflüge mit den diversen Bootslinien der Stadt bieten Familien eine schöne Gelegenheit, Venedig entspannt kennenzulernen. Mit Kleinkindern sollte man im *vaporetto* nicht an Deck Platz nehmen. Für längere Strecken empfiehlt sich das majestätische Linienschiff *motonave*, das über den Lido nach Punta Sabbioni *(siehe S. 119)* fährt.

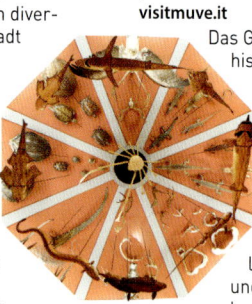

Exponate im Museo di Storia Naturale

3 Glasbläserei

Große Augen sind gewiss, wenn Kinder Handwerkern zusehen, wie diese geschmolzenes Glas in edle Vasen oder in kleine Tierfiguren verwandeln. Kleinere Werkstätten gibt es in ganz Venedig, große vor allem in Murano *(siehe S. 117)*. Die Vorführungen sind gratis, sofern man danach auch den Ausstellungs- und Verkaufsraum würdigt.

4 Museo di Storia Naturale

Karte L1 ▪ Salizada del Fondaco dei Turchi, Santa Croce 1730 ▪ +39 041 275 0206 ▪ Do–So 11–17 Uhr ▪ Eintritt (unter 6 Jahren frei) ▪ www.msn.visitmuve.it

Das Glanzstück des Naturhistorischen Museums ist das sieben Meter lange und 3,60 Meter hohe Skelett des *Ouranosaurus nigeriensis*. Die interessante Sammlung umspannt die Bereiche Paläontologie, Naturforschung und Lebensformen. Sehenswert ist auch das Aquarium mit Bewohnern der Tegnùe.

Boot im Museo
Storico Navale

⑤ Museo Storico Navale

Kinder lieben das Seefahrts-
museum, das auf drei Stockwerken
Exponate wie chinesische Dschun-
ken und Objekte aus dem Zweiten
Weltkrieg zeigt. Zu sehen sind z. B.
Torpedos, mit denen italienische
Marinetaucher britische Kriegs-
schiffe versenkten *(siehe S. 57)*.

⑥ Collezione Peggy Guggenheim

Sonntagnachmittags veranstaltet
das Haus *(siehe S. 40f)* für Kinder
zwischen vier und zehn Jahren unter
dem Motto »Kids Day« Workshops
mit Künstlern und Studenten der
städtischen Kunstakademie. Recht-
zeitige Anmeldung ist hier ratsam.

⑦ Ca' Macana

**Karte K5 ▪ Calle delle Botteghe,
Dorsoduro 3215 ▪ +39 041 520 3229
▪ tägl. 10–18.30 Uhr (im Sommer bis
20 Uhr) ▪ www.camacana.com**

Der Maskenladen *(siehe S. 72)* ist
nicht nur was fürs Auge, er bietet
auch Kurse, bei denen Kinder ihre
eigenen Masken mit Fe-
dern, Borten, Strass und
Glitter verzieren können.
Fachleute zeigen und er-
klären alte Techniken.

⑧ Palazzo Ducale: Kerker & Waffenarsenal

Viele Kinder sind faszi-
niert vom unheimlichen
Labyrinth der ehemaligen
Kerker und haben sicht-
lich Spaß daran, die von
den Insassen im Lauf von
Jahrhunderten in die
Wände geritzten Inschrif-
ten zu entziffern. Das

Waffenarsenal birgt eine außergewöhnliche Rüstung in Kindergröße
aus dem 16. Jahrhundert und auch
welche für Pferde *(siehe S. 16–19)*.

⑨ Mistero e Magia

**Karte R4 ▪ Ruga Giuffa,
Castello 4925 ▪ Mo–Sa 9–15 Uhr**

Der Laden wird von einem Magier
betrieben und hat alles, was kleine
Zauberer brauchen. Tricks werden
auf Italienisch und Englisch erklärt.

⑩ Ausflug zum Lido

Fahren Sie mit Ihren Kindern
zum Lido *(siehe S. 122–125)*, wo man
sich rund ums Jahr an den öffentlichen Stränden austoben und auch
Fahrräder mieten kann.

Strand am Lido

TOP10 Unterhaltung

Zuschauerraum des Teatro La Fenice

(1) Teatro La Fenice
Tickets im Venezia-Unica-Büro beim Theater (+39 041 2424) oder online unter www.teatrolafenice.it

Das Theater musste nach einem Brand lange renoviert werden, präsentiert aber seit 2003 wieder weltberühmte Opern und Konzerte. Die Produktionen reichen von Verdi und Rossini bis zu zeitgenössischen Komponisten *(siehe S. 81)*.

(2) Teatro Malibran
Karte Q2 ▪ Corte del Teatro Malibran, Cannaregio ▪ Tickets im Venezia-Unica-Büro beim Theater (+39 041 2424)

An einem ruhigen Platz nahe Rialto steht das schöne Malibran-Theater. Es wurde 1678 als Teatro Grimani erbaut und später zu Ehren der im 19. Jahrhundert berühmten spanischen Mezzosopranistin María

Teatro Malibran

Malibrán umbenannt. 2001 wurde das Haus als Ausweichspielstätte für Produktionen des beschädigten Teatro La Fenice wiedereröffnet.

(3) Internationale Filme
Videoteca Pasinetti: Karte M1; Salizada San Stae, Santa Croce; +39 041 274 7140 ▪ Arena Estiva di Campo San Polo: Karte M3; +39 415 242 779 ▪ www.labiennale.org

Die Videoteca Pasinetti zeigt im Winter Filme in englischer Sprache. Im Spätsommer bietet das Open-Air-Kino am Campo San Polo Höhepunkte des Biennale-Filmfestivals *Mostra Internazionale*.

(4) Musica a Palazzo
Karte D5 ▪ Palazzo Barbarigo Minotto, Fondamenta Duodo o Barbarigo, San Marco ▪ +39 340 971 7272 ▪ www.musicapalazzo.com

Bei Aufführungen des Ensembles von Musica a Palazzo spielt jeder Akt einer Oper in einem anderen Raum des Palazzo Barbarigo Minotto. Die Praxis beruht auf einer alten venezianischen Konzerttradition.

(5) Vivaldi-Konzerte in Santa Maria della Pietà
Karte F4 ▪ Castello 3700 ▪ +39 333 111 7598 ▪ www.chiesavivaldi.it

Das Orchester I Virtuosi Italiani präsentiert *Die Vier Jahreszeiten* in der Kirche *(siehe S. 109)*, wo das Werk einst komponiert wurde. Die Akustik des von Giorgio Massari unter Absprache mit Vivaldi entworfenen Saals ist bemerkenswert.

(6) Kammermusik in San Vidal
Karte M6 ▪ Campo San Vidal, San Marco ▪ +39 041 277 0561 ▪ www.interpretiveneziani.com

Genießen Sie in San Vidal entspannt Vivaldis *Die vier Jahreszeiten* oder ein Meisterwerk von Bach. Die um 1700 umgebaute Kirche bietet viel Platz.

7 Oper in der Scuola Grande dei Carmini

Karte J5 ▪ Campo Santa Margherita, Dorsoduro ▪ + 39 331 415 9390 ▪ www.baroqueoperahouse.com

Das Ensemble des Baroque Opera House gibt in der Scuola Grande dei Carmini *(siehe S. 38)* Opern aus dem 17./18. Jahrhundert zum Besten.

8 Palazzetto Bru Zane

Karte L2 ▪ San Polo 2368 ▪ +39 041 30 376 ▪ www.bru-zane.com

Im prachtvollen Palazzetto Bru Zane aus dem 17. Jahrhundert widmet sich das »Zentrum für französische Musik der Romantik« französischen Kammermusik- und Orchesterwerken aus der Zeit zwischen 1780 und 1920.

9 Auditorium Santa Margherita

Karte K5 ▪ Campo Santa Margherita, Dorsoduro ▪ +39 041 234 9906 ▪ www.unive.it

Die Konzerte, die in der ehemaligen Kirche *(siehe S. 38)* stattfinden, sind oft kostenlos. Das Programm ist am Eingang angeschlagen.

Aufführung im Teatro Goldoni

10 Teatro Goldoni

Karte P4 ▪ Calle del Teatro, San Marco ▪ Tickets: +39 041 240 2014 ▪ www.teatrostabileveneto.it/venezia

Eines der ältesten Theater Venedigs geht auf das 17. Jahrhundert zurück. Seinen heutigen Namen erhielt es zum 100. Todestag Carlo Goldonis *(siehe S. 52)*. Von November bis Mai bietet das Haus eine hervorragende Auswahl an Stücken aus aller Welt in italienischer Sprache.

Venedig als Filmkulisse

Indiana Jones in Venedig

1 *Indiana Jones und der letzte Kreuzzug* (1989)
Harrison Ford erforscht Venedig unterirdisch und taucht vor San Barnaba aus einem Gulli ans Tageslicht.

2 *Brot und Tulpen* (2000)
In Silvio Soldinis romantischer Komödie nimmt Hausfrau Licia Maglietta eine Auszeit und trifft auf Kellner Bruno Ganz.

3 *Tod in Venedig* (1971)
Viscontis Film mit Dirk Bogarde ist fast bekannter als Thomas Manns literarische Vorlage *(siehe S. 53)*.

4 *Wenn die Gondeln Trauer tragen* (1973)
Der Thriller mit Julie Christie und Donald Sutherland sorgt für Schlaflosigkeit.

5 *Der Kaufmann von Venedig* (2004)
In dieser Shakespeare-Verfilmung spielt Al Pacino den Juden Shylock, Jeremy Irons den Kaufmann Antonio.

6 *Eva* (1962)
In Joseph Loseys Schwarz-Weiß-Film ist Jeanne Moreau die »Versuchung«.

7 *Traum meines Lebens* (1955)
Katharine Hepburn erfüllt sich ihren Lebenstraum, reist nach Venedig und verliebt sich prompt.

8 *Fellinis Casanova* (1976)
Donald Sutherland spielt sich durch eine Fantasieversion der Stadt.

9 *Die Flügel der Taube* (1997)
Helena Bonham Carter glänzt in der Filmversion von Henry James' venezianischer Geschichte.

10 *Zehn Winter* (2009)
Im winterlichen Venedig entdecken zwei Studenten über zehn Jahre ihre Liebe.

TOP 10 Cafés & Eisdielen

1 Gelateria Il Doge

Dass die Eisdiele sowohl bei Venezianern als auch bei Besuchern überaus beliebt ist, liegt sowohl an der Lage am schönen Campo Santa Margherita *(siehe S. 38f)* als auch an der tollen Auswahl, die auch glutenfreie Sorten und vegane *granita* (Sorbet) umfasst. Entsprechend lang sind im Sommer die Schlangen vor der Eistheke. Spezialität des Hauses ist *Crema del Doge (siehe S. 101)*.

2 Bacaro del Gelato

Karte D2 ▪ **Fondamenta Misericordia, Cannaregio 2499** ▪ **+39 347 050 7737**

In der familiengeführten *gelateria* wird das Eis kunstvoll aus natürlichen Zutaten zubereitet – selbst das Eis am Stil ist aus reiner Frucht. Die Sorten wechseln, aber Klassiker wie Schokolade und *tiramisù* sind immer zu haben. Besonders köstlich ist *Crema Veneziana*, eine Mischung aus dunkler Schokolade, Orangensirup und Praliné-Krokant.

3 Bar Filovia

Karte B3 ▪ **Fondamenta Santa Chiara, Santa Croce 521** ▪ **+39 340 898 9701**

Das nette Café beim Ponte della Costituzione ist ein wunderbares Frühstückslokal. Venezianer schätzen es für seine große Auswahl an *tramezzini*: mit Thunfisch und Ei, mit Tomaten und Mozzarella, mit Schinken und Pilzen oder als Spezialität *piccantino* mit zartem *prosciutto* und scharfer Sauce.

Terrasse der Gelateria Nico

4 Gelateria Nico

Nicht viele Eisdielen verfügen über Tische im Freien, diese bietet ihren Gästen sogar eine wunderbare Terrasse am Wasser, wo man zu in nostalgischen Gläsern servierten Eisbechern oder kühlen Getränken den Blick auf die Boote am Canale della Giudecca genießt. Abends kommen auch viele Venezianer auf einen Cocktail vorbei *(siehe S. 101)*.

5 Al Todaro

Karte R5 ▪ **Piazza San Marco, San Marco 3** ▪ **+39 041 528 5165**

Dieses altehrwürdige Eiscafé erfreut sich einer fantastischen Lage an der Piazza San Marco *(siehe S. 20f)* und kann Tische auf der Piazzetta wie

Al Todaro mit Tischen am Markusplatz

auch am Kanalufer bieten. Wundersamerweise schlägt sich das kaum auf die Eiscremepreise nieder.

⑥ Bar Spritz
Karte M5 ▪ Calle dei Frati, San Marco 3532 ▪ +39 328 595 0907

Vor der kleinen Bar stehen ein paar Tische, wo man einen Kaffee, ein leichtes Mittagessen oder einen Aperitif genießen kann. Das preiswerte Angebot an Snacks reicht von süßem Gebäck bis zu herzhafter *bruschetta*.

⑦ Suso Gelatoteca
Die *gelateria* im Norden von San Marco serviert schon seit vielen Jahren gutes hausgemachtes Eis und ist entsprechend bekannt. Inzwischen sind hier auch vegane, mit Kokosmilch zubereitete Sorten im Angebot, z. B. eine leckere mit dunkler Schokolade. Zum Wohle der Umwelt gibt es das Eis hier nicht mehr im Pappbecher, sondern nur noch in der Waffel *(siehe S. 86)*.

⑧ Torrefazione Cannaregio
Karte C1 ▪ Fondamenta dei Ormesini, Cannaregio 2804 ▪ +39 041 716 371

Zahllose Gläser mit Bohnen aus aller Welt zieren die Wände der kleinen Kaffeerösterei nahe dem Jüdischen Getto *(siehe S. 103)*. Die Auswahl ist beachtlich und reicht von fruchtigen Mischungen bis zu Sorten aus 100 Prozent Arabica. Nach dem Genuss einer frisch aufgebrühten Tasse Kaffee zu etwas Gebäck im kleinen Café nimmt man sich gern eine Tüte Bohnen mit nach Hause.

⑨ La Mela Verde
Karte F4 ▪ Fondamenta de l'Osmarin, Castello 4977 ▪ +39 349 195 7924 ▪ Nov – März geschl.

In der Eisdiele am Rio di San Provolo setzt man auf Handwerkskunst und natürliche Zutaten der Saison, um fruchtige Eiscremesorten und Sorbets zu kreieren. Spezialität ist die namensgebende Sorte »Grüner Apfel« mit kleinen Fruchtstücken, aber auch das Ricotta-Pistazien-Eis ist ein Gedicht.

⑩ Nobile Pasticceria
Karte C2 ▪ Calle del Pistor, Cannaregio 1818 ▪ +39 041 720 731

Ein Besuch dieser Konditorei lohnt sich zu jeder Tageszeit: Zum Frühstück genießt man zu exzellentem Cappuccino, Espresso oder Latte macchiato ein Hörnchen, mittags *pizzette* oder *focaccia* (Fladenbrot) und gegen Abend einen erfrischenden Spritz. Und die großartigen venezianischen Desserts schmecken sowieso den ganzen Tag.

Auslage der Nobile Pasticceria

TOP10 Restaurants

Im Hotel Cipriani kann man wunderbar im Freien speisen

1 Hotel Cipriani

Gäste des eleganten Sterne-restaurants Oro (mit Lagunenblick) und des etwas legereren Cip's Club (mit Blick auf San Marco) werden mit dem Hotelboot an der Piazza San Marco abgeholt. Hier auf einer Terrasse über dem Wasser zu speisen, hat seinen Preis, ist aber auch ein besonderes Erlebnis. Angemessene Kleidung ist erwünscht, Reservieren unabdingbar *(siehe S. 127)*.

2 Da Fiore

In dem exquisiten Restaurant bekommt man ohne Reservierung keinen Tisch. Die Karte bietet, was frisch am Markt zu haben ist. Vielleicht gibt es gerade *pappardelle con ostriche e zafferano* (Bandnudeln mit Austern und Safran) oder *moleche fritte con polenta* (gebratene Krabben mit Polenta), aber auch bei anderen Gerichten kommen Feinschmecker auf ihre Kosten *(siehe S. 93)*.

3 Grand Canal

Die gehobene Küche im Hotel Monaco & Grand Canal setzt auf traditionelle Gerichte wie frische Pasta mit Shrimps oder Meeresfrüchte-Risotto – stets begleitet von besten europäischen Weinen. Die Lage am Canal Grande (mit Terrasse) ist geradezu atemberaubend *(siehe S. 87)*.

4 Ostaria Boccadoro

Hier sitzt man beim Essen ganz romantisch unter einer weinumrankten Pergola. Das nette Lokal zaubert aus frischen Zutaten aromatische Gaumenfreuden, z. B. Bandnudeln mit Jakobsmuscheln und Zucchiniblüten. Verpassen Sie keinesfalls die *mousse al cioccolato* – das himmlische Dessert vereint ganze fünf Sorten Schokolade *(siehe S. 107)*.

5 Corte Sconta

Das schicke Restaurant in einem versteckten Hof, einst eine *osteria*, serviert köstliches Seafood, guten Hauswein und leckeren Brotpudding *(pincia)* zum Dessert. Da ist es ratsam, rechtzeitig zu reservieren *(siehe S. 113)*.

6 Do Forni

Nicht nur Geschäftsleute schätzen dieses preisgekrönte Restaurant nahe der Piazza San Marco, wo man in edlem Ambiente exquisite Meeresfrüchte genießt. Reservieren wird empfohlen *(siehe S. 87)*.

7 Vini da Gigio

In dem renommierten kleinen Lokal begleiten exzellente Weine aus aller Welt feine Gerichte wie *tagliata di tonno* (Thunfischstreifen mit Kräutern) oder Lammkoteletts. Frühes Reservieren ist hier mehr als ratsam *(siehe S. 107).*

8 La Bitta

Venedig ist eine Stadt der Fischrestaurants, doch dieses gemütlich rustikale Lokal hat sich ganz auf Fleisch spezialisiert – begleitet von Gemüse der Saison. Die Karte wechselt täglich und richtet sich danach, was frisch am Markt zu haben ist. Dazu gibt es immer guten Wein *(siehe S. 101).*

9 L'Osteria di Santa Marina

Fisch und Meeresfrüchte dominieren die Karte des edlen Restaurants, das ein großartiges Sechs-Gänge-Menü mit hiesigen Spezialitäten serviert und eine imposante Weinauswahl bietet *(siehe S. 113).*

10 Trattoria alla Madonna

Das beliebte Lokal ist der perfekte Ort, um sich traditionelle Gerichte wie *granseola* (Seespinne), *anguilla fritta* (gebratener Aal) oder *spaghetti con nero* (mit Sepiatinte) schmecken zu lassen. Da Reservieren nicht möglich ist, muss man mitunter ein wenig warten, bis ein Tisch frei wird *(siehe S. 87).*

Trattoria alla Madonna

Spezialitäten

Tiramisù, ein italienischer Klassiker

1 Tiramisù
Das Dessert aus Mascarponecreme und in Kaffee getränktem Biskuit wird oft mit Amaretto verfeinert und ist immer eine Sünde wert.

2 Carpaccio
Hauchdünne Scheiben von rohem Rinderfilet werden mit Parmesan, Rucola und Olivenöl angerichtet.

3 Sarde in saòr
Gebratene Sardinen in süßsaurer Marinade aus Zwiebeln, Korinthen und Pinienkernen sind ein echtes Seefahreressen.

4 Antipasto di frutti di mare
Die Meeresfrüchteplatte enthält meist kleine Tintenfische, Sardellen und Garnelen.

5 Prosciutto e melone
Die Süße frischer Melonen harmoniert einzigartig mit dem pikanten Parmaschinken.

6 Risotto di pesce
Dieses himmlisch sahnige Reisgericht mit Miesmuscheln, Venusmuscheln, Garnelen und diversem Fisch ist ein Genuss.

7 Pasta con il nero di seppia
Meist wird eine Sauce aus Tintenfisch und Tomaten über die mit Sepiatinte geschwärzten Spaghetti gegeben.

8 Fegato alla veneziana
Kalbsleber auf venezianische Art wird mit Zwiebeln und Essig zubereitet.

9 Gebratener Fisch
Köstlich sind *coda di rospo* (Seeteufel) oder *pesce spada* (Schwertfisch) aus dem Süden Italiens.

10 Gebratenes Gemüse
Die Palette reicht von *peperoni* (Paprikaschoten) über Zucchini und *melanzane* (Auberginen) bis zu Radicchio im Winter.

TOP 10 Osterie (Weinlokale)

Reichhaltiges Angebot in der Cantina Do Mori

① Cantina Do Mori
Karte N2 ■ Calle dei Do Mori, San Polo 429

Kupfertöpfe zieren die beliebte schummrige Bar, die älteste *osteria* der Stadt. Die freundlichen Besitzer schenken den Wein aus riesigen Korbflaschen aus und reichen dazu köstliche Schinkensandwiches in Briefmarkengröße *(francobolli)*.

② Un Mondo di Vino
Karte E3 ■ Salizada San Canciano, Cannaregio 5984/A

In dieser umgestalteten Metzgerei werden zu den italienischen Weinen leckere Snacks wie *insalata di mare* (Meeresfrüchtesalat) und Käse aus der Region serviert. Eine bunte Gästeschar aus Einheimischen und Urlaubern besetzt meist auch den Gehweg vor dem Lokal.

③ Osteria Ruga Rialto
Karte N3 ■ Ruga Vecchia San Giovanni, San Polo 692/A

In den frühen Abendstunden, wenn Berge von knusprigen Calamari und gebratenem Gemüse zum Aperitif über die Theke gereicht werden, grenzt das lebhafte Treiben in dem traditionellen Lokal fast schon an Tumult. Zum Mittag- oder Abendessen geht es deutlich ruhiger zu.

④ Osteria del Sacro e Profano
Karte P2 ■ Ramo secondo del Parangon, San Polo 502

Nicht selten mischen sich internationale Künstler unter die einheimischen Gäste der rustikalen *osteria* nahe Rialto. Zu Weinen aus dem Veneto und dem Friaul gibt es traditionelle Snacks, z. B. *uova con acciughe* (hart gekochtes Ei mit Anchovis).

⑤ Enoteca do Colonne
Karte C2 ■ Rio Terrà del Cristo, Cannaregio 1814/C

Die freundlichen jungen Betreiber der lebhaften Bar servieren Snacks wie *baccalà* (gesalzener Kabeljau)

Enoteca do Colonne

oder *musetto* (eine Art Kochsalami). und eine gute Auswahl an Weinen aus dem Veneto – kein Wunder, dass Venezianer gern hierherkommen.

⑥ Estro
Karte K4 ■ Calle San Pantalon, Dorsoduro 3778

Zwei Brüder führen die schicke Vinothek, wo man sich zu wunderbaren Weinen aus aller Welt kleine saisonale Gerichte aus Zutaten der Region schmecken lässt.

⑦ Osteria alla Frasca
Karte E2 ■ Corte della Carità, Cannaregio 5176

Wo Tizian einst seine Farben und Leinwände verwahrt haben soll, serviert heute eine nette kleine Bar Drinks und Snacks – im Sommer auf der weinumrankten Terrasse.

⑧ Trattoria Antico Calice
Karte Q3 ■ Calle dei Stagneri, San Marco 5228

Das bei Venezianern beliebte Lokal ist immer gut besucht. Die Gäste kommen wegen der lebendigen Atmosphäre, der guten regionalen Weine und der leckeren Appetithäppchen – z. B. frittierte Sardinen.

⑨ Trattoria Ca' d'Oro alla Vedova
Karte D2 ■ Calle del Pistor, Cannaregio 3912 ■ Do geschl.

Ein junges Management betreibt nun dieses holzgetäfelte Lokal, das seinen Stammgästen seit Jahr und Tag guten Wein und appetitliche Snacks (*cicchetti*) serviert. Besonders lecker sind die Artischocken in knusprigem Teigmantel.

⑩ Cantine del Vino già Schiavi
Karte C5 ■ Fondamenta Nani, Dorsoduro 992

In dem familiengeführten Lokal unweit des Ponte dell'Accademia mischt man sich gern unter die Einheimischen. An der Bar wird neben Wein auch guter Prosecco serviert. Dazu gibt es *panini* mit *soppressa*, einer Salami aus der Region.

Getränke

Erfrischender *Spritz al bitter*

1 Spritz
Das Mixgetränk aus Weißwein (oder Prosecco) und Mineralwasser mit ein wenig Bitter oder Aperol ist Favorit in Venedig.

2 Prosecco
Der natürlich sprudelnde, trockene Weißwein kommt von den Hügeln um Conegliano und Valdobbiadene.

3 Bellini
Giuseppe Cipriani erfand den Mix aus frischem Pfirsichmark und Prosecco 1948 hier in Harry's Bar (*siehe S. 25*).

4 Rotwein
Ombra ist ein kleines Glas Hauswein, doch in vielen Lokalen gibt es außerdem Cabernet, Valpolicella oder Amarone.

5 Weißwein
Gute Alternativen zum weißen Hauswein sind Soave und Pinot Grigio.

6 Mineralwasser
Acqua minerale gibt es mit Kohlensäure (*gassata*) und ohne (*naturale*). *Acqua dal rubinetto* ist Leitungswasser.

7 Fruchtsäfte
Säfte sind entweder frisch gepresst (*spremuta*) oder kommen – sehr oft als Nektar – aus der Flasche (*succo di frutta*).

8 Kaffee
Wählen Sie zwischen *espresso*, *cappuccino* und *caffè latte* (mit viel Milch).

9 Heiße Schokolade
Das wärmende Getränk wird vor allem im Winter serviert, im Sommer genießt man lieber Eisschokolade.

10 Sgroppino
Der Cocktail aus Limonensorbet, Wodka und Prosecco ist ein beliebter Zwischengang beim Essen.

TOP 10 Shopping

1 Ca' Macana

Der wunderbare Laden führt Venedigs berühmte Pappmaché-Masken mit sämtlichen für den Karneval charakteristischen und vielen anderen Motiven. Sehen Sie bei der Herstellung der Masken zu oder kreieren und bemalen Sie im Rahmen eines kleinen Workshops Ihre eigene Version *(siehe S. 63)*.

2 Nardi

Karte Q5 ■ Piazza San Marco 69, San Marco

Elizabeth Taylor, Grace Kelly und Elton John gaben bei diesem Juwelier schon viel Geld aus. Drei Handwerkergenerationen beglücken jene, die es sich leisten können, mit fantastischen Stücken, etwa Broschen aus Rubin und Gold oder auch aus Diamant und Platin.

3 Tessitura Luigi Bevilacqua

Karte L2 ■ Campiello della Comare, Santa Croce 1320

Samt, Damast, Brokat und Seide werden hier zu wundervollen Heimtextilien und Taschen verarbeitet. Die Familie stellt seit dem 18. Jahrhundert edle Stoffe her, die alten Webstühle sind noch in Betrieb. Mario Bevilacqua führt einen kleinen Laden in San Marco *(siehe S. 85)*.

Venini setzt auf Farbe

4 Venini

Karte Q4 ■ Piazzetta Leoncini, San Marco 314

Die üblichen venezianischen Glastiere sind in diesem edlen Laden nicht zu finden – hier gibt es Glaswaren von schlichter Eleganz. Seit der Gründung 1921 gehörten zum hoch dotierten Designerteam auch schon Carlo Scarpa und Gae Aulenti.

5 Attombri

In einer Passage, die einst Rialtos Goldschmiede beheimatete, fertigen die beiden Brüder Stefano und Daniele Attombri wunderschönen Perlenschmuck von filigranen Ohrringen bis zu extravaganten Halsketten an *(siehe S. 92)*.

6 Rizzo

Karte Q2 ■ Salizada San Giovanni Crisostomo, Cannaregio 5778

Zu den gut 40 Pastavarianten, die dieser Laden führt, gehören auch mit Sepiatinte pechschwarz gefärbte Tagliatelle, die sich ebenso als Souvenir eignen wie die köstlichen hausgemachten Schokoladen und die farbenfrohen Karnevalsmasken.

7 T Fondaco dei Tedeschi

Karte P3 ■ Calle del Fontego dei Tedeschi, San Marco

Der einstige Stützpunkt deutscher Kaufleute in Venedig, direkt bei der Rialtobrücke, wurde in ein überaus luxuriöses

Alte Webstühle in der Tessitura Luigi Bevilacqua

Kaufhaus verwandelt, das wohlhabende Anwohner und Urlauber anlockt. Die hübsche Dachterrasse bietet atemberaubende Aussicht.

⑧ Rubelli
Karte M4 ■ Campiello del Teatro, San Marco 3877

Die luxuriösen Stoffe, die vor allem im Wohndesign Einsatz finden, beschwören Venedigs einstige Verbindung zum Orient herauf. Bei der Herstellung von Brokat, Damast und Seide nutzt man traditionelle Techniken und Computertechnologie.

Schönes Papier bei Paolo Olbi

⑨ Paolo Olbi
Karte L4 ■ Dorsoduro 3253/A

In dem alteingesessenen Kunsthandwerksladen sind Fotoalben und Adressbücher aus marmoriertem Papier und Leder zu erfreulich moderaten Preisen zu haben.

⑩ Signor Blum
Wer nach Souvenirs sucht, die man auch nach Abklingen der Urlaubseuphorie noch schön findet, ist in diesem Eckladen richtig. Die Objekte aus Holz sind alle handgefertigt und mit der Hand bemalt. Im Zentrum stehen die Wahrzeichen Venedigs – zum Aufhängen, Aufstellen oder als Magnete *(siehe S. 100)*.

(siehe S. 100)

Souvenirs

Glaswaren aus Murano

1 Glaswaren
Beeindrucken Sie Ihre Freunde zu Hause mit einem echten Murano-Lüster, einer edlen Vase oder zumindest mit einem *Millefiori*-Briefbeschwerer.

2 Feinkost
Beliebt sind z. B. mit Chili aromatisiertes Olivenöl *extra vergine*, Pasta in Gondel- und Masken-Form oder rote Zichorienpaste in Flaschen.

3 Bedruckte T-Shirts & Co.
Das für viele unverzichtbare Urlaubssouvenir gibt es überall an Straßenständen. Oft bekommt man dort auch Modeaccessoires zu günstigen Preisen, etwa Lederhandschuhe oder Gürtel.

4 Masken
Das Angebot an Masken, die für den Karneval traditionell aus Pappmaché, Ton oder Leder gefertigt sind, ist wahrlich überwältigend.

5 Marmoriertes Papier
Pastellfarbene Wirbel zieren Geschenkpapier, Bucheinbände und Fotoalben.

6 Perlen
In Venedig gibt es alle Arten von Perlen: aus Keramik, aus Milchglas und natürlich in traditioneller Murano-Optik.

7 Italienische Weine & Liköre
Günstige Preise und niedrige Steuern legen es nahe, sich mit guten Weinen aus der Region einzudecken.

8 Stoffe
Spitze ist das »venezianischste« Material, aber auch Leinen und Samt sind schön und hochwertig.

9 Silberarbeiten
Fotorahmen, Brieföffner und Teelöffel aus Silber sind schöne Geschenke.

10 Mode
In Venedig finden Sie alle Top-Marken und Designerlabels der Welt.

TOP10 Kostenlose Attraktionen

Mosaiken in der Basilica di San Marco

① Basilica di San Marco

Man hat in Venedig schnell den Eindruck, dass alles Geld kostet, doch die Basilika mit den byzantinischen Mosaiken ist tatsächlich gratis zu besichtigen. Eintritt wird nur fällig, wenn Sie nicht warten wollen oder auch Schatzkammer und Palo d'Oro sehen möchten *(siehe S. 12f)*.

② Stadtführungen
www.venicefreewalkingtour. com

Die kostenlosen, auf Englisch geführten Spaziergänge starten zwei- bis dreimal täglich an verschiedenen Punkten der Stadt. Die Führer sind Venezianer, die ihre Stadt lieben, viel Wissenswertes zu erzählen haben und Besuchern ein Venedig abseits ausgetretener Pfade zeigen möchten. Anmeldung ist obligatorisch, Spenden sind willkommen.

③ Art Night
www.artnightvenezia.it

Jedes Jahr im Juni veranstaltet die Stadt zusammen mit der Università Ca' Foscari an einem Samstagabend kostenlose Konzerte, Ausstellungen, Vorträge und Filmvorführungen. Für einige Programmpunkte muss man vorher Tickets reservieren.

④ Museen

Am ersten Sonntag jeden Monats ist der Eintritt in Italiens staatliche Museen frei. In Venedig zählen dazu die Gallerie dell'Accademia *(siehe S. 30f)*, die Galleria Giorgio Franchetti im Palazzo Ca' d'Oro *(siehe S. 103)*, das Museo Archeologico am Markusplatz und das Museo d'Arte Orientale im Palazzo Ca' Pesaro *(siehe S. 91)*.

⑤ Booten zusehen & entspannen

Viel Tagwerk findet in Venedig auf dem Wasser statt: Müllabfuhr, Warentransporte, Nahverkehr – all das erfolgt per Boot. Das lädt ein, sich ein nettes Uferplätzchen zu suchen und dem Getümmel auf dem Wasser zuzusehen. Schön ist dieser Zeitvertreib z. B. an den Zattere *(siehe S. 97)*, an der Punta della Dogana *(siehe S. 98)* und am Canale di Cannaregio.

⑥ Dachterrasse des T Fondaco dei Tedeschi

Karte P3 ■ +39 041 314 2000 ■ tägl. 10.30–18.30 Uhr ■ www.dfs.com/en/ venice/t-fondaco-rooftop-terrace

Die Luxuswaren des exklusiven Kaufhauses *(siehe S. 72f)* können sich nur wenige leisten, doch der Blick von der Dachterrasse ist kostenlos – man muss sich für den 15-minütigen Besuch nur vorab anmelden.

⑦ Museo della Musica

Karte N6 ■ Campo San Maurizio, San Marco ■ +39 041 241 1840 ■ tägl. 10–13 & 15–20 Uhr ■ www.museo dellamusica.com

In der ehemaligen Kirche San Maurizio kann man sich ganz kostenlos historische Musikinstrumente ansehen, die bis in die Zeit von Vivaldi zurückreichen.

Museo della Musica

8 Friedhofsinsel San Michele

Auf der Insel liegt – umgeben von hohen Ziegelmauern, hinter denen Zypressen aufragen – der alte Friedhof der Stadt mit seinen Monumenten *(siehe S. 118)*. Selbst wenn Sie nicht an Gräbern von Berühmtheiten wie Strawinsky oder Diaghilew interessiert sind: Auf der Insel kann man wunderbar spazieren gehen.

Friedhof auf der Insel San Michele

9 Giardini

Im Viertel Castello legten die französischen Besatzer Ende des 19. Jahrhunderts einen öffentlichen Park an. Noch heute findet man hier Schatten spendende Bäume und Büsche wie auch Bänke zum Ausruhen (in Venedig eine Seltenheit). Kinder können sich auf einem Spielplatz austoben *(siehe S. 111)*.

Die Giardini in Castello

10 Konzerte

In vielen Kirchen und Gemeindesälen finden Konzerte von Chören oder Orchestern statt, für die kein Eintritt verlangt wird. Informationen über solche Veranstaltungen bieten meist Plakate und Aushänge in den betreffenden Vierteln.

Venedig für wenig Geld

Wer Getränke und Snacks im Stehen genießt, spart Geld

1 An der Theke isst und trinkt man in Cafés und Bars deutlich preiswerter, als wenn ein Kellner die Bestellung an den Tisch bringt.

2 Preiswerte Unterkunft finden Sie in Hostels – und manchmal auch unter den Last-Minute-Angeboten im Internet.

3 Private Wohnungen zu mieten oder zu tauschen ist auch in Venedig möglich. Dann leben Sie so, wie es die Einheimischen tun.

4 Meisterwerke der Kunst füllen die Kirchen der Stadt und die verlangen deutlich weniger Eintritt als die Museen.

5 Ein Stück Pizza auf die Hand kostet nicht viel und ist vielerorts zu haben.

6 Essen für ein Picknick kann man im Supermarkt kaufen, Wasser gibt es an Trinkbrunnen und Hähnen – füllen Sie sich eine Flasche voll.

7 Mit dem Venezia Unica City Pass lässt sich bei Bootsfahrten, Sehenswürdigkeiten und/oder Dienstleistungen sparen. Wenn Sie ihn vorab online ordern, ist er billiger *(siehe S. 145)*.

8 Während der Biennale, die alle zwei Jahre in Venedig stattfindet *(siehe S. 76)*, sind in der ganzen Stadt kostenlose Veranstaltungen geboten.

9 Mode und Schuhe finden Sie z. B. auf dem Dienstagsmarkt am Lido recht preiswert.

10 Zu Fuß lassen sich in Venedig fast alle Hauptsehenswürdigkeiten gut erreichen. Um Vaporetto-Fahrten zu genießen, holt man sich am besten einmal ein Tagesticket und nutzt dieses ausgiebig.

⬛⬛ Feste & Veranstaltungen

① Karneval

Vor Beginn der christlichen Fastenzeit im Februar/März verzaubert ein zehntägiges Fest ganz Venedig und in den Straßen drängen sich die Maskierten.

Aufwendige Maskierung

Traditionell werden die Feierlichkeiten auf der Piazza San Marco mit dem *Volo della Colombina* (»Flug der Taube«) eröffnet: Dafür zieht man am Campanile einen riesigen Pappmaché-Vogel hoch, aus dem sich ein Konfettiregen aufs Publikum ergießt. Großes Finale ist am *martedì grasso* (Fastnachtsdienstag).

② Stadtläufe

www.suezo.it; www.venicemarathon.it

Am gemächlichen Lauf *Su e Zo per i Ponti* (»die Brücken rauf und runter«), der jährlich am vierten Sonntag nach Karneval stattfindet, kann jeder teilnehmen. Es gibt verschiedene Routen und Medaillen für alle. Läufer aus aller Welt zieht es Ende Oktober zum Venedig-Marathon, der am Brenta-Kanal beginnt, über den Damm nach Venedig führt und in den Giardini endet.

③ Festa della Sensa

Venedigs »Vermählung mit dem Meer«, die jeden Mai am Sonntag nach Christi Himmelfahrt stattfindet, erlebt man am besten an der Riviera San Nicolò am Lido *(siehe S. 123)*, wo am Ende einer bei San Marco gestarteten Bootsparade der als Doge gekleidete Bürgermeister einen Ring ins Meer wirft. Das Fest, Symbol für die Vorherrschaft im Mittelmeer, wird seit der Einnahme Dalmatiens und Istriens 997 gefeiert.

④ Biennale di Venezia

www.labiennale.org

Die größte internationale Kunstausstellung wird alle zwei Jahre veranstaltet und geht von Mai bis November. Hauptschauplätze des Events sind die Giardini und die Seilerei im Arsenale *(siehe S. 111)*. Das Biennale-Filmfestival, das Stars und Fans an den Lido lockt *(siehe S. 124)*, findet jährlich im September statt.

⑤ Festa del Redentore

Wenn im Juli Hunderte geschmückte Boote auf dem Canale della Giudecca kreuzen, gedenkt Venedig der Befreiung von der Pest 1576. Eine »Brücke« aus schaukelnden Booten zwischen den Zattere und der Kirche Il Redentore auf Giudecca *(siehe S. 123)* dient Fußgängern zum Überqueren des Kanals. Um Mitternacht gibt es ein großes Feuerwerk.

Feuerwerk bei der Festa del Redentore

⑥ Kunstfestivals & Handwerkswochen

www.artnightvenezia.it;
www.theveniceglassweek.com

Mit Traditionen wie Glasbläserei und Maskenherstellung zeigt sich Venedig immer schon als kreative Stadt. Die reiche Geschichte feiert die Art Night Venezia im Juni mit Musik, Tanz, Theater und Ausstellungen. Im September widmet sich The Venice Glass Week mit Ausstellungen und Workshops der Murano-Glaskunst.

Bunte Boote bei der Regata Storica

⑦ Regatten

Bei der Vogalonga an Pfingsten machen sich Boote auf den Weg um die Inseln der Lagune – ohne Wettbewerb, aber mit spektakulärem Finale bei San Marco. Die Regata Storica im September eröffnen historisch gekleidete Ruderer mit einer Parade auf dem Canal Grande.

⑧ Festa della Salute

Am 21. November pilgert man zur Kirche Santa Maria della Salute (siehe S. 48), um das Ende der Pest 1630 zu feiern. Für Feststimmung sorgen Luftballons und Zuckerwatte.

⑨ Musikfestivals

Die Heimat Vivaldis hat Musikfreunden viel zu bieten. Beim Venezia Music Festival im Mai dreht sich alles um Klassik, modernere Klänge hört man beim Venezia Jazz Festival.

⑩ Weihnachtszeit

Im Advent wird es stimmungsvoll: Lichter überall, Märkte auf vielen Plätzen und die Regata dei Babbi Natali mit rudernden Weihnachtsmännern auf dem Canal Grande.

Sport in Venedig

Damenruderteam beim Training

1 Rudern
Karte D5 ▪ Zattere, Dorsoduro
Rudern ist ein beliebter venezianischer Freizeitsport. Besuchen Sie den ältesten Club Canottieri Bucintoro.

2 Radfahren
Karte H2 ▪ Gran Viale SM Elisabetta
In Venedigs Zentrum ist Radfahren verboten, doch am Lido kann man sich Räder ausleihen.

3 Segeln
Karte F6
Segler treffen sich im Yachthafen auf der Insel San Giorgio Maggiore.

4 Schwimmen
Besuchen Sie den Lido oder die leider oft recht vollen Hallenbäder auf der Sacca Fisola bei Giudecca und in Sant'Alvise.

5 Inlineskaten
Es gibt eine kleine Bahn auf Sant'Elena (siehe S. 60), eine weitere Möglichkeit sind die Straßen am Lido.

6 Golf
Karte H2 ▪ Strada Vecchia 1
An der südlichen Spitze des Lido liegt der 18-Loch-Golfplatz Alberoni.

7 Tennis
Karte H2 ▪ Lungomare G. Marconi 41/D
Die einzigen Plätze für Besucher befinden sich am Lido.

8 Joggen
Eine Alternative zum harten, teils recht unebenen Pflaster Venedigs sind die Parks der Stadt oder die Strände am Lido.

9 Work-out
Fitnessstudios mit moderner Ausstattung finden Sie in der ganzen Stadt.

10 Fußball
Karte H2 ▪ Stadio Pierluigi Penzo
Venedigs Fußballstadion auf Sant'Elena ist Heimstatt des Clubs Venezia FC, der derzeit in der Serie A spielt.

Stadtteile

Ponte Lungo und Rio di San Trovaso, Dorsoduro

TOP10 San Marco

Venedigs kleinster, aber feinster Bezirk *(sestiere)* ist nach dem Schutzheiligen der Stadt benannt. Da er gleich auf drei Seiten vom Canal Grande begrenzt wird, birgt er besonders viele stattliche Palazzi. Sein Zentrum bildet die berühmte Piazza San Marco mit dem imposanten Palazzo Ducale – bis zum 18. Jahrhundert Venedigs Machtzentrum. Hin zur Piazza führen die Mercerie und die Calle Larga XXII Marzo, die zahlreiche Designershops säumen. In den engen Seitengassen gibt es viele Kunsthandwerksläden zu entdecken.

Niccolò Tommaseo

1 Piazza San Marco
Siehe S. 20 – 23.

2 Mercerie
Karte Q4

Die kostspielige Eleganz Venedigs zeigt sich vor allem in dieser exklusiven Einkaufsmeile zwischen Rialto und San Marco. *Mercerie* heißt eigentlich »Kurzwarenmarkt«, aufgrund der hohen Ladenmieten ist das Gebiet heute jedoch das Reich der Designershops. Direkt unterm Bogen der Torre dell'Orologio zeigt ein Relief eine Hausfrau, die 1310 eine Adelsrevolte »niedergeschlagen« haben soll, indem ihr Mörser, der ihr unabsichtlich aus dem Fenster fiel, einen der Anführer tötete.

3 Basilica di San Marco

Die von fünf großen Kuppeln gekrönte Kirche mit dem Grundriss eines griechichen Kreuzes – bereits die dritte an dieser Stelle – zeigt eine einzigartige Mischung östlicher und westlicher Einflüsse. Ihre Ausschmückung erstreckte sich über beinahe sechs Jahrhunderte und umfasst edelsten Marmor, prächtige Mosaiken, herrliche Steinmetzarbeiten und auch Beutekunst. Das dem heiligen Markus geweihte Gotteshaus bildete den geeigneten Rahmen für zeremonielle Anlässe wie die Präsentation eines neuen Dogen, war aber auch der Ort, wo Kapitäne vor langen Seereisen um göttlichen Schutz baten. Seit 1807 ist San Marco die Kathedrale von Venedig *(siehe S. 12 – 15).*

4 Teatro La Fenice
Karte N5 ■ Campo San Fantin
■ +39 041 786 654 ■ tägl. 9 – 17 Uhr
■ www.teatrolafenice.it

Venedigs »Phönix-Theater« wurde seinem Namen gerecht: Nach einer Brandstiftung im Jahr 1996 hat es sich 2003 wieder aus der Asche erhoben. In dem 1792 von Selva erbauten Opernhaus wurden zahllose Uraufführungen gefeiert, etwa Rossinis *Tancredi* (1813), fünf Verdi-Opern, auch *Rigoletto* und *La Traviata*, später Werke von Strawinsky und Luigi Nono. Hier sangen schon legendäre Operndiven wie Maria Callas und Joan Sutherland *(siehe S. 64).*

Konzert im Teatro La Fenice

5 Scala Contarini del Bovolo

Karte P4 ■ Corte dei Risi, San Marco 4303 ■ tägl. 10–18 Uhr ■ Eintritt ■ www.gioiellinascostidivenezia.it

Der elegante Palazzo an dem kleinen Platz stammt aus dem 15. Jahrhundert und diente wegen seiner schönen außen liegenden Wendeltreppe schon oft als Filmkulisse. Wie ein Schneckenhaus *(bovolo)* klebt die filigrane Treppe an der Fassade und führt über fünf Etagen hinauf zum obersten Stockwerk.

6 Campo San Bartolomeo

Karte P3 ■ Kirche San Bartolomeo: Di, Do & Sa 10–12 Uhr

Die Statue des venezianischen Komödiendichters Carlo Goldoni *(siehe S. 52)* scheint wohlwollend auf das Menschengewühl am Platz zu blicken. »San Bórtolo« ist ein strategisch günstiger Startpunkt für eine Tour durch die Bars der umliegenden Gassen und daher ein beliebter Treffpunkt für die Jugend der Stadt. Das Hauptpostamt am Nordende des Platzes beheimatete einst Venedigs Deutsche Gemeinde *(siehe S. 51)*, die ihre Gottesdienste in der Kirche San Bartolomeo abhielt.

7 Palazzo Ducale

Der Dogenpalast war vom 9. Jahrhundert bis zum Fall der Republik im Jahr 1797 Sitz des Dogen und der Regierungs- und Justizorgane der *Repùblica de Venessia*. Was als befestigte Burg begann, wurde erweitert, durch Brände zerstört, wiederaufgebaut und mehrfach umgestaltet. Das vorwiegend gotische Meisterwerk, das wir heute sehen, ist ein Glanzstück venezianischer Baukunst. Loggien und Arkaden aus weißem istrischen Stein zieren die Fassade aus rosafarbenem Marmor. Allegorische Malereien schmücken Wände und Decken der Räume, die eindrucksvoll von Größe und Macht der einstigen Seerepublik zeugen *(siehe S. 16–19)*.

Carlo Goldoni

Glasbläserkunst

Nach venezianischer Glaskunst in Form von Kronleuchtern, Spiegeln, Kelchen und Schmuckelementen bestand schon immer weltweit große Nachfrage, ganz besonders aber während des Goldenen Zeitalters im 16. Jahrhundert. Obwohl Venedigs Glasindustrie aus Gründen des Feuerschutzes 1295 nach Murano übersiedelte, sind auch in San Marco noch einige Werkstätten zu besuchen.

8 Palazzo Grassi

Karte L5 ■ Campo San Samuele, San Marco 3231 ■ +39 041 240 1308 ■ Mi–Mo 10–19 Uhr ■ Eintritt (inkl. Punta della Dogana) ■ www.palazzograssi.it

Der Palazzo am Canal Grande geht aufs Jahr 1740 zurück. Eine wohlhabende Kaufmannsfamilie hatte Giorgio Massari mit dem Entwurf beauftragt. Der prächtige Bau liegt am hübschen, von Bäumen beschatteten Campo San Samuele, den ein venezianisch-byzantinischer Glockenturm ziert, und beheimatet die Sammlung François Pinault mit großen Namen der zeitgenössischen Kunst wie Jeff Koons, Michelangelo Pistoletto und Damien Hirst *(siehe S. 56)*.

9 Palazzo Fortuny

Karte N4 ■ Campo San Benedetto, San Marco 3958 ■ +39 041 520 0995 ■ Mi–Mo 10–18 Uhr ■ www. fortuny.visitmuve.it

Der spanische Bühnenbildner und Künstler Mariano Fortuny y Madrazo (1871–1950) machte Venedig zu seiner Heimat und Muse. Er verwandelte einen gotisch-venezianischen Palast aus dem 15. Jahrhundert in ein exotisches Atelier. Einige der von Fortuny gestalteten Räume sind im

Originalzustand erhalten. Besucher können hier luxuriöse Samtstoffe, prächtige Seidenkleider, Gemälde und Lampen, Bühnenausstattungen und Theaterdekorationen – alles vom Künstler selbst geschaffen – sowie faszinierende Fotografien aus dem 19. Jahrhundert bewundern. Das Museum organisiert auch Wechselausstellungen.

Palazzo Fortuny

⑩ Santa Maria del Giglio

Karte N6 ▪ Campo Santa Maria del Giglio, San Marco 3231 ▪ Mo – Sa 10.30 – 13.30 & 14.30 – 16.30 Uhr ▪ Eintritt ▪ www.chorusvenezia.org

Die auch als Santa Maria Zobenigo bekannte Kirche auf dem reizenden Platz nahe dem Canal Grande ist ein gutes Beispiel für die Extravaganz des venezianischen Barock. Von der Familie Barbaro gestiftet, glorifiziert ihre Fassade deren ruhmreiche Vergangenheit als Seefahrer. Zu den Kunstwerken im Innern zählt neben einem Werk von Tintoretto auch ein Rubens-Gemälde, das Maria mit Kind zeigt. Es ist das einzige Werk von Rubens in ganz Venedig.

Deckenfresko in der Kirche Santa Maria del Giglio

Spaziergang

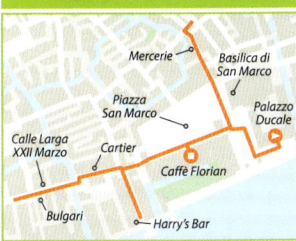

Mercerie
Basilica di San Marco
Piazza San Marco
Palazzo Ducale
Calle Larga XXII Marzo
Cartier
Caffè Florian
Bulgari
Harry's Bar

▶ Vormittags

Es empfiehlt sich, den **Palazzo Ducale** zu früher Stunde zu besuchen, damit man sich alles in Ruhe ansehen kann. Besondere Beachtung verdienen die Sala del Senato, die Sala del Maggior Consiglio, der Kerker und natürlich die berühmte Seufzerbrücke. Für die Kaffeepause bietet sich das Café in den ehemaligen Stallungen an.

Die **Basilica di San Marco** sollten Sie mittags besuchen, wenn das einfallende Licht die Mosaiken besonders schön beleuchtet und diese unvergleichlich glitzern. Die Fliesen wurden extra uneben verlegt, um das Licht einzufangen.

Falls es Ihr Budget erlaubt, essen Sie wie Hemingways Held in *Über den Fluss in die Bäume* in **Harry's Bar** *(siehe S. 25)* zu Mittag – vielleicht *Carpaccio*, das hier vom Besitzer Cipriani erfunden wurde.

Nachmittags

Die **Mercerie** locken mit internationalen Designerboutiquen und Kunsthandwerksläden zum Einkaufs- oder Schaufensterbummel. Reizvoll für Shoppingfans ist auch die **Calle Larga XXII Marzo**, wo man Schmuck von Juwelieren wie **Bulgari** und **Cartier** *(siehe S. 84)* kaufen kann.

Kehren Sie zur **Piazza San Marco** zurück, um vom Campanile aus den Blick über Venedig und die Lagune im sanften Abendlicht zu genießen. Dann ist es auch schon Zeit für einen Aperitif im **Caffè Florian** *(siehe S. 21)*, während am Platz die Sonne untergeht.

Siehe Karte S. 80f

Designershops

 Frette
Karte P5 ▪ Frezzeria, San Marco 1725

Seit 1860 importiert Frette für die Herstellung seiner Handtücher und maßgefertigten Haushaltswäsche feinste Baumwolle aus Ägypten.

L'Isola – Carlo Moretti

2 L'Isola – Carlo Moretti
Karte M5 ▪ Calle delle Botteghe, San Marco 2970

Morettis innovative Glaskunst ist in Galerien der ganzen Welt zu sehen. Sein Markenzeichen sind »Papiertütenvasen«, er fertigt aber auch Trinkgläser und riesige Skulpturen.

3 Le Perle
Karte D3 ▪ Ponte di Rialto, San Marco 5329

Wenn sich Glaskunst und Juwelierhandwerk wie in diesem Atelier auf der Rialtobrücke in Perfektion verbinden, entstehen farbenfrohe, elegante Stücke.

4 Ottico Urbani
Karte E4 ▪ Frezzeria, San Marco 1280

Die Brüder Urbani, die seit 1953 Brillen entwerfen, machen Fassungen aus ungewöhnlichem Material wie Stoff und Holz. Ihre Kreationen sind auch bei den Promis, die zum Filmfestival nach Venedig kommen, sehr beliebt.

5 Cartier
Karte P5 ▪ Calle San Moisè, San Marco 1474

In der Filiale des berühmten französischen Juweliers glitzern Gold und Edelsteine mit Uhren und edlen Handtaschen um die Wette.

6 MaxMara
Karte P3 ▪ Campo San Salvador, San Marco 5033

Der Familienbetrieb sorgt seit 1951 für schicke Damenmode und Accessoires.

7 Bulgari
Karte P5 ▪ Calle Larga XXII Marzo, San Marco 2282

Neben Schmuck, Uhren und modischen Accessoires gibt es hier auch Porzellan der Marke Rosenthal.

8 Fratelli Rossetti
Karte P3 ▪ Campo San Salvador, San Marco 4800

Der Chic der Schuhe, Gürtel, Taschen und Jacken des 1953 gegründeten Familienbetriebs ist weltweit ein Begriff.

9 Fendi
Karte P5 ▪ Calle Larga dell'Ascensione, San Marco 1225

Auch wenn die extravaganten Kleidungsstücke, Schuhe und mit Perlen verzierten Taschen nicht mehr das berühmte Doppel-F tragen, sind sie nicht weniger begehrt.

10 Arnoldo e Battois
Karte P4 ▪ Calle dei Fuseri, San Marco 4271

Die Designer Silvano Arnoldo und Massimiliano Battois entwerfen stilvolle Mode und Accessoires mit italienischem Chic. In dem winzigen, minimalistisch gestalteten Laden hilft man Ihnen gern, den eigenen Look zu finden.

Tasche von Arnoldo e Battois

Kunsthandwerksläden

1 **Venetia Studium**
Karte P5 ▪ Calle Larga
XXII Marzo, San Marco 2425
Die edlen Seidenlampen
im Fortuny-Design sind
Nachbildungen – handbe-
malt und mit Glasperlen ver-
ziert. Daneben gibt es auch viel
Design mit klaren Formen.

2 **I Muschieri**
Karte P5 ▪ Frezzeria,
San Marco 1178
Wer Parfum liebt, darf diesen
Laden nicht verpassen, wo
zwei berühmte veneziani-
sche Schwestern für ihre
Kunden maßgeschneiderte
Düfte kreieren.

Stehlampe von
Venetia Studium

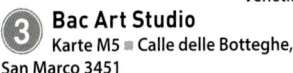

3 **Bac Art Studio**
Karte M5 ▪ Calle delle Botteghe,
San Marco 3451
Die Galerie verkauft farbenfrohe Ra-
dierungen und Drucke der Künstler
Baruffaldi und Cadore.

4 **Max Art**
Karte P5 ▪ Frezzeria, San Marco
1232
Der Laden führt *Commedia-dell'Arte*-
Marionetten, traditionelle Kostüme
des venezianischen Karnevals und
handgearbeitete Masken zum Lei-
hen oder Kaufen.

5 **Caigo Da Mar**
Karte M5 ▪ Salizada San Samuele, San Marco 3157/A
Luxuriöses fürs Heim – edle Möbel-
stücke, Lampen, Spiegel – sind in
diesem Fachgeschäft zu finden. Es
gibt hier auch reizvollen Schmuck.

6 **Rigattieri**
Karte M5 ▪ Calle dei Frati, San
Marco 3532/36
Freunde schöner Keramik sollten
sich den außergewöhnlichen Töpfer-
laden nicht entgehen lassen. Er wird
seit seiner Gründung 1938 von der-
selben Familie am selben Ort betrieben und überzeugt mit Qualität.

7 **Valese Fonditore**
Karte Q4 ▪ Calle Fiube-
ra, San Marco 793
Die Gießerei fertigt seit
1913 Tiere, Lampen und
Türklopfer aus Messing und
Bronze. Ihre Produkte finden
sich im Weißen Haus und im
Buckingham Palace.

8 **Le Botteghe
della Solidarietà**
Karte P3 ▪ Salizada Pio X, San
Marco 5164
Das Unternehmen verfolgt
das Ziel, Kunsthandwer-
kern aus aller Welt ein fai-
res Einkommen zu sichern.
Das Sortiment des Ladens
reicht von handgewebten
Tüchern aus Indien bis zu
afrikanischen Musikinstrumenten.

9 **Bevilacqua**
Karte N5 ▪ Campo Santa Maria
del Giglio, San Marco 2520
Die Stoffe, Wandbehänge, Samt-
und Seidenkissen in dem kleinen
Laden – ein Ableger der Tessitura
Luigi Bevilacqua *(siehe S. 72)* – sind
ein wahrer Augenschmaus.

Edle Textilien bei Bevilacqua

10 **Daniela Ghezzo
Segalin a Venezia**
Karte P4 ▪ Calle dei Fuseri, San Marco
4365
Neben Pantoffeln aus Brokat und
bizarren Schuhen mit eingearbei-
teten Zehen bietet der Laden auch
Maßanfertigungen.

Siehe Karte S. 80f

Bars & Cafés

① Pasticceria Marchini Time

Karte P4 ▪ Campo San Luca, San Marco 4589

Dieses Paradies für Naschkatzen ist eine der ältesten *pasticcerie* der Stadt. Hier bekommt man u. a. feine Orangen- und Pistazienpralinen in der Form venezianischer Masken.

② I Rusteghi

Karte Q3 ▪ Corte del Tintor, San Marco 5513 ▪ So geschl.

Hinter dem Campo San Bartolomeo betreibt ein Sommelier eine gemütliche *osteria*, in der es zu tollen Weinen ausgezeichnete *cicchetti* gibt – die kleinen Köstlichkeiten sind in Venedig so beliebt wie Tapas in Spanien.

Mojito im Bacarando

③ Caffè Brasilia

Karte N4 ▪ Rio Terrà dei Assassini, San Marco 3658

In einer stillen Seitengasse locken ausgezeichneter Kaffee, leckere *tramezzini* (Sandwiches) und frischer Obstsalat mit cremigem Joghurt.

④ Al Theatro

Karte N5 ▪ Campo San Fantin, San Marco 1916

Das legendäre Lokal – Bar, Restaurant und Pizzeria zugleich – liegt gleich neben dem berühmten Teatro La Fenice *(siehe S. 81)*.

⑤ Suso Gelatoteca

Karte Q3 ▪ Calle della Bissa, San Marco 5453

Die *gelateria* zählt zu den gehobenen und verwöhnt Gourmets mit traumhaftem Eis, das seidig weich auf der Zunge schmilzt. Kosten Sie das Erdnusseis oder eine der tollen veganen Sorten *(siehe S. 67)*.

⑥ Bacarando

Karte P3 ▪ Corte dell'Orso, San Marco 5495

Zum Aperitif bietet das Lokal ganz hervorragende *cicchetti* an, später kann man hier auch sehr gut speisen. Mittwochs gibt es Livemusik.

⑦ Enoteca Al Volto

Karte D4 ▪ Calle Cavalli, San Marco 4081

Die gemütliche *osteria* unweit des Rathauses serviert ihren Gästen zum Wein eine ansprechende Auswahl leckerer *cicchetti* und wird von den Venezianern vor allem wochentags gern besucht.

⑧ Le Café

Karte M5 ▪ Campo Santo Stefano, San Marco 2797

Bei *caffè* oder Orangensaft kann man entspannt das Treiben auf dem Platz verfolgen. Wer Süßes mag, testet die Angebote der *pasticceria*. Es gibt auch kleine warme Gerichte.

⑨ Rosa Salva

Karte Q4 ▪ Calle Fiubera, San Marco 950 ▪ So geschl.

Die Obsttorten zergehen auf der Zunge, das Kleingebäck ist unglaublich lecker und der *panettone* gilt als der beste der Stadt.

⑩ Bar all'Angolo

Karte M5 ▪ Campo Santo Stefano, San Marco 3464 ▪ So geschl.

An den Tischen im Freien genießen Venezianer und Urlauber ihren Kaffee, einen kühlen Drink, Snacks oder kleine Mahlzeiten.

Al Theatro

Restaurants

Preiskategorien
Preis für ein Drei-Gänge-Menü pro Person
mit einer halben Flasche Wein inkl. Steuern
und Service.

€ unter 40 €   €€ 40 – 60 €   €€€ über 60 €

1 **Ristorante A Beccafico**
Karte M5 ▪ Campo Santo Stefano, San Marco 2801 ▪ +39 041 527 4879 ▪ €€€
Genießen Sie Pasta, Fisch, Fleischgerichte und köstliche Desserts der sizilianisch-venezianischen Küche.

2 **Grand Canal**
Karte Q6 ▪ Calle Vallaresso, San Marco 1332 ▪ +39 041 520 0211 ▪ €€€
Im Restaurant des Hotel Monaco kann man rund ums Jahr edel speisen und bei toller Lage venezianische Klassiker genießen *(siehe S. 68).*

3 **Do Forni**
Karte Q4 ▪ Calle Specchieri, San Marco 468 ▪ +39 041 523 2148 ▪ €€€
Auch viele Promis erfreuen sich in dem schicken Restaurant an guten saisonalen Gerichten und der großen Weinauswahl *(siehe S. 68).*

4 **Rosticceria San Bartolomeo**
Karte P3 ▪ Calle della Bissa, San Marco 5424 ▪ +39 041 522 3569 ▪ €
Eine beliebte Spezialität des Lokals ist *mozzarella in carozza* – ein Sandwich mit frittiertem Büffelkäse.

5 **Trattoria alla Madonna**
Karte P3 ▪ Calle della Madonna, San Polo 594 ▪ +39 041 522 3824 ▪ €€
Das betriebsame Lokal – streng genommen nicht in San Marco, aber nahe der Rialtobrücke – ist für gutes Seafood bekannt, vor allem für sein Meeresfrüchte-Risotto *(siehe S. 69).*

6 **Osteria Leon Bianco**
Karte P4 ▪ Campo San Luca, San Marco 4153 ▪ +39 041 522 1180 ▪ €
Exzellente Grillgerichte und Lasagne werden an der Bar oder auf dem lebhaften Platz serviert. Das Lokal akzeptiert Kreditkarten, aber nicht die von American Express.

7 **Al Bacareto**
Karte M5 ▪ Calle delle Botteghe, San Marco 3447 ▪ +39 041 528 9336 ▪ So & Aug geschl. ▪ €
Das 1971 eröffnete Lokal serviert z. B. *bigoli in salsa* (Pasta mit Sardellen-Zwiebel-Sauce) – auch draußen.

8 **Osteria Enoteca San Marco**
Karte P5 ▪ Frezzeria, San Marco 1610 ▪ +39 041 528 5242 ▪ €€
Die kleine, aber feine Auswahl an Speisen ist ebenso verlockend wie das hervorragende Weinangebot.

9 **La Caravella**
Karte P5 ▪ Via XXII Marzo, San Marco 2399 ▪ +39 041 520 8901 ▪ €€€
In dem Lokal, dessen Ambiente an ein altes Segelschiff erinnert, kann man sich venezianische Klassiker mit modernem Touch und exquisite Weine schmecken lassen.

Gäste auf der Terrasse von La Caravella

10 **Acqua Pazza**
Karte N5 ▪ Campo Sant'Angelo, San Marco 3808/10 ▪ +39 041 277 0688 ▪ Mo geschl. ▪ €€€
Hier wird gehobene süditalienische Küche serviert, es gibt aber auch sehr gute *Pizza napoletana*.

Siehe Karte S. 80f

🔟 San Polo & Santa Croce

In diesen beiden benachbarten Bezirken im geografischen Herzen der Stadt findet sich die höchste Dichte an Sehenswürdigkeiten. Rund um Rialto, wo sich die ersten Siedler niederließen, entstanden prächtige Kirchen und atemberaubende Palazzi – allesamt von Geschichte durchtränkt. Zu den Hauptattraktionen der Gegend zählen die Kirche Santa Maria Gloriosa dei Frari und die von Tintoretto großartig ausgestaltete Scuola Grande di San Rocco, aber auch das reizvolle Flair des geschäftigen Rialtomarkts. Auf den Plätzen San Giacomo dell'Orio und San Polo laden nette Cafés und Parkbänke zum Verweilen ein.

Kirche San Giacomo dall'Orio

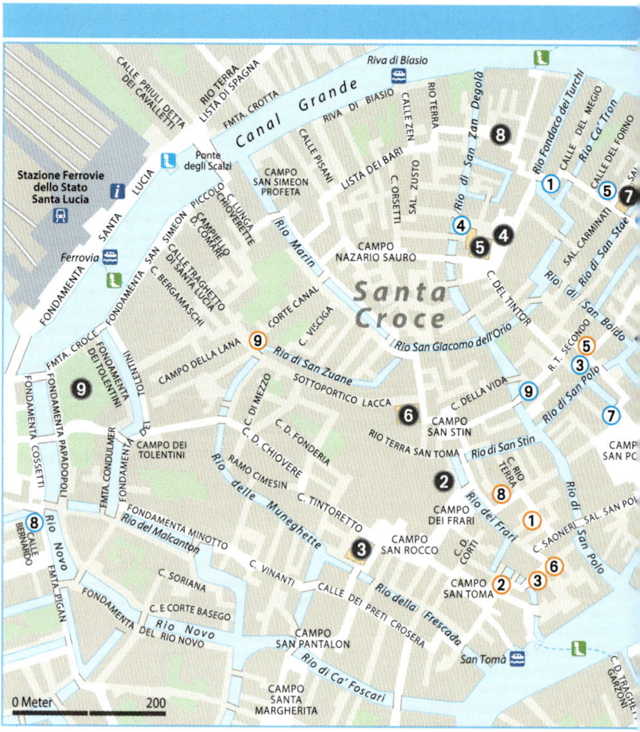

① **Mercato di Rialto**
Siehe S. 34f.

② **Santa Maria Gloriosa dei Frari**

Die gewaltige gotische Kirche, kurz Frari (venezianisch für »Brüder«) genannt, dominiert den Osten von San Polo. Ihr Glockenturm ist nach dem Campanile von San Marco der zweithöchste der Stadt. Das erste Gotteshaus an dieser Stelle wurde von den Franziskanern 1250–1338 errichtet, bis Mitte des 15. Jahrhunderts aber durch ein größeres ersetzt. Der Innenraum beeindruckt durch die schiere Größe, aber auch wegen der Kunstwerke von Tizian, Giovanni Bellini und Donatello – sein berühmter *Johannes der Täufer* findet sich hier – sowie der prächtigen Grabmäler bedeutender Venezianer *(siehe S. 32f)*.

Scuola Grande di San Rocco

③ **Scuola Grande di San Rocco**

Karte K4 ▪ Campo San Rocco, San Polo 3052 ▪ +39 041 523 4864 ▪ tägl. 9.30–17.30 Uhr ▪ Eintritt ▪ www. scuolagrandesanrocco.org

Die Fassade, die in der Morgensonne besonders strahlt, ist ein Schmuckstück der Frührenaissance: Ein Wunderwerk aus Steinkränzen und sitzenden Elefanten, das von den imposanten Säulen fast noch in den Schatten gestellt wird. Der istrische Stein ist von dunkelrotem Porphyr und grünlichem Marmor durchsetzt. Das 1517 von Bartolomeo Bon entworfene und von Scarpagnino und anderen Bildhauern vollendete Bauwerk war das Quartier einer der berühmtesten Bruderschaften der Stadt – 1478 gegründet und alljährlich mit einem Besuch des Dogen geehrt. Hier sind mehrere Meisterwerke von Tintoretto zu sehen.

④ **Campo San Giacomo dell'Orio**

Karte L2

Der Name des malerischen Platzes abseits der ausgetretenen Pfade leitet sich entweder vom Lorbeerbaum, von Wölfen oder auch nur von einem Kanal ab. Die schlichten Palazzi, die ihn säumen, bergen das Institut für Architektur der Universität Venedig. Platanen, Bänke, Grünflächen und Cafés sorgen für einladende Atmosphäre. Fotografen und Künstler finden hier reichlich reizvolle Motive.

① Top-10-Attraktionen
siehe S. 89–91

① Restaurants & Cafés
siehe S. 93

① Kunsthandwerksläden
siehe S. 92

⑤ San Giacomo dall'Orio

Karte L2 ▪ Campo San Giacomo dell'Orio, Santa Croce ▪ Mo–Sa 10.30–13.30 & 14.30–17 Uhr ▪ Eintritt ▪ www.chorusvenezia.org

Die ungewöhnliche Kirche aus dem 9. Jahrhundert lohnt einen Besuch: Sie birgt eine prächtige Decke mit Holzbalken und einen »Säulenwald« aus Granit und Kalkstein. Auch der Boden mit den vielen Fossilien verdient nähere Betrachtung. Links vom Hauptaltar sieht man Palma il Giovanes Gemälde *La discesa della manna* (1580/81) wie auch ein Kruzifix von 1350, das Paolo Veneziano zugeschrieben wird.

⑥ Scuola Grande di San Giovanni Evangelista

Karte L3 ▪ Campiello della Scuola, San Polo 2454 ▪ +39 041 718 234 ▪ tägl. 9.30–13 & 14–17.15 Uhr ▪ Eintritt ▪ www.scuolasangiovanni.it

Das einstige Hauptquartier der Bruderschaft wird heute vorwiegend für Tagungen genutzt, die in den hohen Sälen der oberen Stockwerke stattfinden. Die prächtige Treppe stammt von Mauro Codussi. In einem kostbaren Reliquienschrein wird ein Splitter aufbewahrt, der vom Kreuz Christi stammen soll und den die Scuola 1369 als Geschenk erhielt. Der Gemäldezyklus *Die Wunder des Heiligen Kreuzes*, für den Gentile Bellini verantwortlich war, hängt heute in den Gallerie dell'Accademia (*siehe S. 30f*). Im äußeren Hof ist ein von Pietro Lombardo geschaffenes Portal zu sehen, auf dem ein Adler den heiligen Johannes symbolisiert.

Scuola Grande di San Giovanni Evangelista

Palazzo Mocenigo

⑦ Palazzo Mocenigo

Karte M1 ▪ Salizada San Stae, Santa Croce 1992 ▪ +39 041 721 798 ▪ Di–So 11–17 Uhr ▪ Eintritt ▪ www.mocenigo.visitmuve.it

Die luxuriös ausgestatteten Räume des Palazzo aus dem 18. Jahrhundert bergen Schaukästen mit historischen Stoffen und Kleidung, zudem erhält man hier Einblick in die Geschichte des Parfums. Die Ahnenreihe der Familie Mocenigo weist sieben Dogen auf, ihre Porträts zieren die Wände des Hauses. Der berühmteste davon, Alvise I., war 1571 Sieger in der Seeschlacht von Lepanto gegen die Türken.

⑧ Campo San Zan Degolà

Karte L1 ▪ San Giovanni Decollato: Mo–Sa 10–16 Uhr

Auf dem Weg vom Busbahnhof zum Zentrum oder zurück wird der stille Zauber des Platzes von Besuchern meist übersehen. Dabei verdient sowohl die kuriose Loggia an der Westseite des Kanals Beachtung als auch die schlichte Kirche, die dem enthaupteten Täufer Johannes geweiht ist. Dieser ist mit wallenden Locken auf einem Basrelief aus Stein an der südlichen Mauer dargestellt. Im Innern des venezianisch-byzantinischen Baus finden sich Fresken aus dem 13. Jahrhundert.

⑨ Giardino Papadopoli
Karte J3

Der französische Garten – eine grüne Oase mit Vögeln und Blumenbeeten nahe dem Piazzale Roma – entstand im 19. Jahrhundert, als der Adel hier gern inmitten exotischer Blumen und seltener Tiere extravagante Feste feierte. Das Areal, auf dem einst ein Kloster stand, gehörte Unternehmern aus Korfu – daher der griechische Name. Mit dem Bau des Rio Novo in den 1930er Jahren verkleinerte sich der Park dann erheblich.

Giardino Papadopoli

⑩ Ca' Pesaro
Karte N1 ▪ Fondamenta Ca' Pesaro, Santa Croce 2076 ▪ +39 041 721 127 ▪ Do–So 11–17 Uhr ▪ Eintritt ▪ www.capesaro.visitmuve.it

Der barocke Palazzo ist allein schon sehenswert, doch er birgt außerdem die Galleria Internazionale d'Arte Moderna mit großartigen Werken von Künstlern wie Boccioni, De Pisis, Sironi, Burri, Morandi und De Chirico sowie das Museo d'Arte Orientale mit fernöstlicher Kunst und Kuriositäten aus dem 19. Jahrhundert, darunter Waffen, Porzellan, Lackarbeiten und Musikinstrumente (siehe S. 57).

Spaziergang

▶ Vormittags

Bewundern Sie Tintorettos wunderbare Gemälde in der **Scuola Grande di San Rocco**, bevor Sie nach Osten zum **Campo San Polo** spazieren, um entspannt Kaffee zu trinken – Möglichkeiten bieten sich dort genug. Vielleicht reizt Sie ja auch die **Antica Birraria La Corte** (siehe S. 93).

Von hier ist es gar nicht weit zum **Mercato di Rialto** (siehe S. 34f), wo es, wenn Händler ihre Stände schließen wollen, frische Waren oft zum halben Preis gibt. Falls Sie Appetit bekommen haben, können Sie am Canal Grande zu Mittag essen. An der **Riva del Vin** (siehe S. 24) nahe der Rialtobrücke warten eine Reihe schöner Lokale, die Fisch und Hummer fangfrisch servieren. Der Blick auf den berühmten Kanal ist übrigens auch im Winter gewährleistet – dann sitzt man in durchsichtigen Zeltvorbauten.

Nachmittags

Nach dem Essen gehen Sie nach Norden, um in den Kunsthandwerks- und Geschenkeläden der Ruga Rialto nach Souvenirs zu stöbern und durch den alten Rotlichtbezirk am **Rio Terrà Rampani** (siehe S. 60) zu streifen.

Am **Campo San Giacomo dell'Orio** (siehe S. 89) können Sie den Tag ausklingen lassen. Dort bietet sich für einen Aperitif z. B. das Weinlokal **Al Prosecco** an (Santa Croce 1503; So geschl.). Zum hervorragenden Refosco aus dem Friaul passt ein *bocconcino con mortadella di cinghiale* (Brötchen mit Wildschwein-Mortadella).

Siehe Karte S. 88f ←

Kunsthandwerksläden

① Gilberto Penzo
Karte M3 ■ Calle Seconda dei Saoneri, San Polo 2681

Ein Besuch des Ateliers mit Holzmodellen traditioneller venezianischer Boote ist ein Vergnügen.

② Mazzon le Borse
Karte L4 ■ Campiello San Tomà, San Polo 2807

Papà Piero begann 1963 mit der Anfertigung der wunderbaren Ledertaschen, die ein Leben lang halten, und glücklicherweise setzt Tochter Marta die Tradition fort.

Maskenbemalung bei Tragicomica

③ Tragicomica
Karte M4 ■ Calle dei Nomboli, San Polo 2800 ■ So geschl.

Die Erfolge einer 20-jährigen Tradition in der Herstellung kunstvoller Masken aus Leder und Pappmaché sowie von Brokatkostümen für den Karneval und fürs Theater ist in diesem großartigen Laden zu bewundern. Das Personal erklärt die Bedeutung der einzelnen Stücke.

④ Marina e Susanna Sent
Karte P2 ■ Sotoportego del Rialto, San Polo 70

Die Halsketten und Ohrringe aus klarem und farbigem Glas überzeugen durch elegante Schlichtheit.

⑤ Laberintho
Karte M2 ■ Calle del Scaleter, San Polo 2236

Zwei Goldschmiede kreieren neben zeitgemäßem Schmuck auch Repliken von antiken Ringen. Die auf Wunsch angefertigten Maßarbeiten sind großartige Souvenirs.

⑥ Sabbie e Nebbie
Karte M4 ■ Calle dei Nomboli, San Polo 2768/A ■ So geschl.

Die Boutique führt Keramik, Kerzen und diverse Kuriositäten aus Japan und Italien.

⑦ Attombri
Karte P2 ■ Sotoportego degli Oresi, San Polo 65

In der Werkstatt des Ladens fertigen zwei Brüder Perlenschmuck nach eigenen Entwürfen *(siehe S. 72)*.

⑧ Dinamo
Karte L3 ■ Calle del Tagiapiera, San Polo 2599/A

Hier gibt es Keramiken, Textilien und Kunstobjekte von venezianischen und internationalen Designern.

⑨ Margherita Rossetto Ceramica
Karte K2 ■ Corte Canal, Santa Croce 659

Eierbecher und Teetassen sind nur einige der schönen handgefertigten Objekte, die der Laden bietet.

⑩ Gems of Venice
Karte N3 ■ Calle dell'Ogio, San Polo 1044

In der Werkstatt dieses Ladens werden kostbare Edelsteine in atemberaubende tragbare Kunstwerke verwandelt.

Halskette von Gems of Venice

Restaurants & Cafés

Schlichte Eleganz im Muro

(1) La Zucca
Karte L1 ▪ Ponte del Megio, Santa Croce 1762 ▪ +39 041 524 1570 ▪ So geschl. ▪ €€

Die freundliche Trattoria mit venezianischer Küche bietet auch für Vegetarier eine große Auswahl.

(2) Osteria Bancogiro
Karte P2 ▪ Campo San Giacometto, San Polo 122 ▪ +39 041 523 2061 ▪ Mo geschl. ▪ €€

In dem Restaurant mit Bar am Canal Grande gibt es italienische Klassiker und leckere Snacks.

(3) Da Fiore
Karte M2 ▪ Calle del Scaleter, San Polo 2202/A ▪ +39 041 721 308 ▪ €€€

Das Restaurant zählt zu den besten Venedigs. Reservieren Sie auf dem Balkon – der Blick ist sensationell (siehe S. 68).

Gericht in der Osteria Bancogiro

(4) Il Refolo
Karte L2 ▪ Campo San Giacomo dell'Orio, Santa Croce 1459 ▪ +39 041 524 0016 ▪ €

In diesem netten Lokal lässt sich direkt am Kanal gute und preiswerte Pizza in angenehmer Umgebung genießen.

(5) Osteria Mocenigo
Karte M1 ▪ Salizada San Stae, Santa Croce 1919 ▪ +39 041 523 1703 ▪ €

Kosten Sie in der erfreulich preiswerten traditionellen *osteria* z. B. knusprigen *cestino al parmiggiano* – eine mit Käse und Garnelen gefüllte Teigtasche.

(6) Muro
Karte N2 ▪ Campiello del Spezier, Santa Croce 2048 ▪ +39 041 524 1628 ▪ €

»Antipasto Muro« ist eine feine Auswahl Meeresfrüchte, danach empfehlen sich Steak oder Fisch.

(7) Antica Birraria La Corte
Karte M3 ▪ Campo San Polo, San Polo 2168 ▪ +39 041 275 0570 ▪ €

Das moderne Lokal in einer alten Brauerei hat eine schöne schattige Terrasse. Die Pizzas sind nach Venedigs Brücken benannt.

(8) Gelateria Polo Nord
Karte B3 ▪ Ramo Quinto Gallion O del Pezzetto, Santa Croce 273 ▪ +39 348 033 2508 ▪ €

Die *Crema Veneziana* der Eisdiele – mit Schokolade und kandierten Orangenstückchen – ist ein Gedicht.

(9) Taverna da Baffo
Karte L3 ▪ Campiello Sant'Agostin, San Polo 2346 ▪ +39 041 524 2061 ▪ €

Das nette Lokal an dem ruhigen Platz serviert leichte Mittagsgerichte, zu denen Wein aus dem Friaul oder belgisches Bier schmeckt.

(10) Pasticceria Rizzardini
Karte M3 ▪ Campiello dei Meloni, San Polo 1415 ▪ Di geschl. ▪ €

In der traditionsreichen Konditorei locken heiße Schokolade, himmlische Kuchen und tolles Kleingebäck.

Siehe Karte S. 88f

TOP10 Dorsoduro

Chiesa dei Gesuati, Zattere

Ein Bezirk der Kontraste erstreckt sich zwischen den Zattere und dem Canal Grande vom alten Hafenviertel bis zur Punta della Dogana, wo Konsulate und noble Wohnhäuser dominieren. In Dorsoduro locken Kunstmuseen wie die Collezione Peggy Guggenheim und die Gallerie dell'Accademia sowie mit wunderbaren Gemälden versehene Kirchen wie Santa Maria della Salute und San Sebastiano. Venedigs »harter Rücken« – benannt nach dem festen Untergrund – war einst nur dünn besiedelt, da es hier oft Piratenangriffe gab. Heute beheimatet der Bezirk mehrere Universitätsinstitute und es geht recht lebhaft zu. Rund um den Campo Santa Margherita liegen viele Cafés und Bars.

1 **Top-10-Attraktionen**
siehe S. 97–99

1 **Restaurants & Cafés**
siehe S. 101

1 **Besondere Läden**
siehe S. 100

Vorhergehende Doppelseite Blick vom Campanile auf die Basilica di Santa Maria della Salute

1 Gallerie dell'Accademia
Siehe S. 30f.

2 Zattere
Karte C5

Der ausgedehnte Uferabschnitt hat seinen Namen von den Flößen (*zattere*) aus Nutzholz, die von den Wäldern der nördlichen Dolomiten stromabwärts hierhergetrieben wurden. Das kostbare Material wurde für den Bau von Palazzi und Schiffen benötigt. Die hochmastigen Segelschiffe und Ruderboote, die einst hier vertäut lagen, sind längst durch motorisierte *vaporetti* und Ausflugsboote ersetzt. Die Zattere sind ein schöner Ort für einen Spaziergang, da man von hier herrlichen Blick auf die Lagune genießt. Seit 2019 fahren auch keine störenden Kreuzfahrtschiffe mehr durch den Canale della Giudecca.

3 San Nicolò dei Mendicoli
Karte A5 ▪ Campo San Nicolò, Dorsoduro 1907 ▪ Mo – Sa 10 – 12 & 15 – 17.30 Uhr, So 9 – 12 Uhr

Die dem heiligen Nikolaus der Bettler geweihte Kirche im venezianisch-byzantinischen Stil mit ihrem imposanten Glockenturm ist Cineasten aus Nicolas Roegs Thriller *Wenn die Gondeln Trauer tragen (siehe S. 65)* bekannt. Venedigs zweitälteste Kirche stammt aus dem 7. Jahrhundert. Ihre schöne Säulenhalle diente einst den Armen als Zufluchtsort. Dank eines Fonds für die Rettung venezianischer Bauten hat man das Gotteshaus in den 1970er Jahren restauriert.

San Nicolò dei Mendicoli

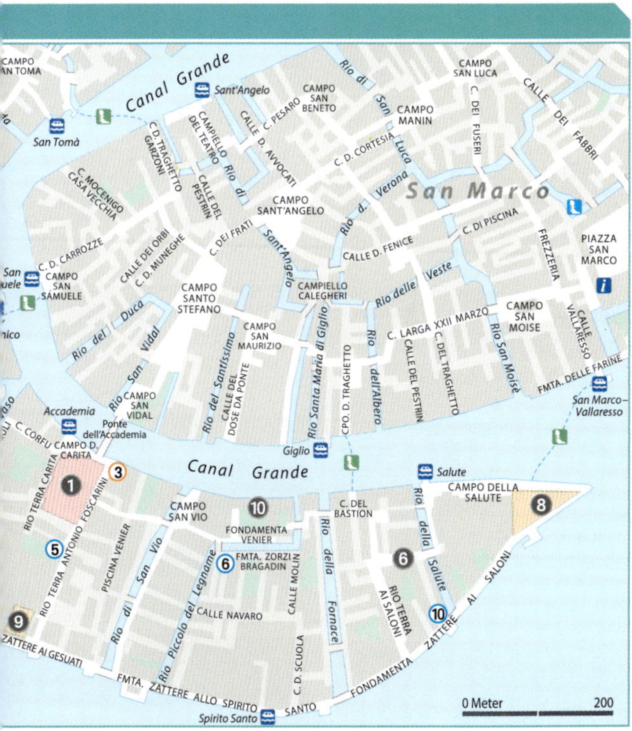

Venezianische Masken

Handgefertigte venezianische Masken aus Pappmaché und Gips dienen heute vorwiegend als Souvenir für Besucher der Stadt, doch früher waren sie für Adlige ein unentbehrliches Accessoire, um sich im Karneval anonym zu vergnügen. Während der Pest trugen die Ärzte Masken mit langer gebogener Nase, die mit stark riechenden Kräutern gefüllt war. Sie sollten die Atemluft »reinigen«.

4 Squero di San Trovaso
Karte C5

Die berühmteste Gondelwerkstatt Venedigs zählt zu den wenigen, die noch in Betrieb sind. Die ersten Besitzer kamen einst aus der bergigen Cadore-Region, daher erinnert das Haus mit Geranien vor den Fenstern an eine Hütte in den Alpen. Die Werkstatt ist nicht zu besichtigen, man kann aber vom Rio San Trovaso aus einen Blick auf die Arbeiten werfen.

5 San Sebastiano
Karte B5 ▪ **Campo San Sebastiano, Dorsoduro 1907** ▪ **Mo – Sa 10.30 –13.30 & 14.30 –17 Uhr** ▪ **Eintritt** ▪ **www.chorusvenezia.org**

Die Kirche aus dem 16. Jahrhundert ist eine Schatzkammer mit beeindruckenden Fresken von Paolo Veronese. Der Künstler widmete dieser Arbeit einen Großteil seines Lebens.

6 Rio Terrà dei Catecumeni
Karte D5

An der durch Aufschüttung gewonnenen Straße zur Kirche La Salute steht ein langes Gebäude, in dem sich eine Schule befindet. Früher wurden hier die Kriegsgefangenen der Republik festgehalten, bis sie bereit waren, zum christlichen Glauben zu konvertieren. Am 21. November kommt mit dem Fest zu Ehren der Madonna della Salute (siehe S. 77) Leben in das ruhige Viertel.

7 Campo Santa Margherita

Der weitläufige Platz, den mittelalterliche Häuser säumen, ist das Herz des westlichen Dorsoduro. Marktstände, unkonventionelle Läden und Cafés ziehen viele junge Leute an. Bunte Fischstände verkaufen lebende Aale und Hummer, erboriste (Kräuterfrauen) bieten Alternativmedizin an und in den Bäckereien gibt es mit das beste Brot in Venedig. An der Nordseite steht, etwas versteckt hinter einem Wohnhaus, die einstige Kirche Santa Margherita, heute Auditorium der Universität (siehe S. 65). Am gekappten Glockenturm sind noch Wasserspeier zu sehen, das Hauptportal liegt links in der Calle della Chiesa (siehe S. 38f).

8 Punta della Dogana
Karte E5 ▪ **Campo della Salute, Dorsoduro 2** ▪ **+39 041 240 1308** ▪ **Mi – Mo 10 –19 Uhr** ▪ **Eintritt (inkl. Palazzo Grassi)** ▪ **www.palazzograssi.it**

Das imposante Zollhaus aus dem 17. Jahrhundert präsentiert – mit dem Palazzo Grassi (siehe S. 82) – eine exzellente Sammlung zeitgenössischer Kunst. Die ausgestellten Werke umfassen Arbeiten der britischen Künstlerin Rachel Whiteread sowie Werke von Jake und Dinos Chapman. Die Innenräume gestaltete der japanische Architekt Tadao Ando. Vom Gebäude genießt man herrlichen Blick auf San Marco, San Giorgio Maggiore und die Hauptwasserstraße Venedigs.

Punta della Dogana

Altar in der Chiesa dei Gesuati

9 Chiesa dei Gesuati

Karte C5 ▪ Fondamente delle Zattere, Dorsoduro 917 ▪ Mo–Sa 10.30–13.30 & 14.30–17 Uhr ▪ Eintritt ▪ www.chorusvenezia.org

»I Gesuati« an den Zattere heißt offiziell Santa Maria del Rosario und ist nicht mit Santa Maria Assunta detta I Gesuiti, einer Jesuitenkirche in Cannaregio, zu verwechseln. Die Gemeinschaft der Jesuaten (mit den Jesuiten nichts gemein) hatte hier ein Gotteshaus errichtet, das nach deren Auflösung im 17. Jahrhundert Dominikaner übernahmen und in ein größeres – 1726 von Giorgio Massari im klassischen Stil erbaut – integrierten. Ein schönes Deckenfresko, das Tiepolo 1737–39 schuf, zeigt den heiligen Domenikus inmitten einer Engelsschar.

10 Collezione Peggy Guggenheim

Der Palazzo Venier dei Leoni war ursprünglich vierstöckig geplant, wuchs aber nie übers Erdgeschoss hinaus. 1949 erwarb ihn die Kunstmäzenin Peggy Guggenheim als Wohnhaus. Das 1980 eröffnete Museum, das ihre große Privatsammlung moderner Kunst aus Europa und Amerika präsentiert, zählt zu Venedigs meistbesuchten Sehenswürdigkeiten. Die lichtdurchfluteten Räume und die modernen Werke bilden einen starken Kontrast zu all der Renaissancekunst, für die Venedig bekannt ist *(siehe S. 40f)*.

Spaziergang

Campo Santa Margherita
Margaret DuChamp
Scuola Grande dei Carmini
Gallerie dell'Accademia
Punta della Dogana
Bar Foscarini
Al Chioschetto
Santa Maria della Salute
Zattere

▶ Vormittags

Wegen der überwältigenden Menge an Meisterwerken in den **Gallerie dell'Accademia** sollten Sie sich auf eine Auswahl konzentrieren, dabei aber keinesfalls die Werke von Carpaccio und den Bellinis auslassen. Nach so viel Kunstgenuss haben Sie sich Entspannung und einen Kaffee verdient. Dafür bietet sich z. B. die **Bar Foscarini** (Dorsoduro 878/C; +39 041 522 7281) direkt am Fuß des Ponte dell'Accademia an.

Richtung Osten geht es an der Kirche **Santa Maria della Salute** *(siehe S. 48)* vorbei zur **Punta della Dogana**. Von dort hat man den wohl besten Blick auf San Marco. Schlagen Sie dann den Weg zu den **Zattere** ein, wo am Ende eines netten Uferspaziergangs die Bar **Al Chioschetto** (Dorsoduro 1406/A; +39 348 396 8466) zu einem Mittagessen am Canale di Giudecca einlädt.

Nachmittags

Frisch gestärkt wandern Sie zum architektonisch kurios anmutenden **Campo Santa Margherita** und zur **Scuola Grande dei Carmini** *(siehe S. 38)* mit den schönen Gemälden von Tiepolo.

Zum Sonnenuntergang sichern Sie sich einen Tisch vor der schicken Bar **Margaret DuChamp** (Campo Santa Margherita, Dorsoduro 3019; +39 041 528 6255) – es gibt kaum einen besseren Ort, um entspannt bei einem kühlen Spritz zu sitzen und genüsslich Leute zu beobachten. Wenn die Nacht einbricht, ist die Luft von Jasminduft erfüllt.

Siehe Karte S. 96f

Besondere Läden

① 3856
Karte K4 ■ Calle San Pantalon, Dorsoduro 3749

Die Ladenbesitzerinnen – Mutter und Tochter – führen Kunden durch das kleine, perfekt abgestimmte Sortiment an Mode und Accessoires.

② Libreria Marco Polo
Karte J5 ■ Campo Santa Margherita, Dorsoduro 2899

Das Angebot des unabhängigen Buchladens umfasst neue und gebrauchte Bücher in Italienisch, Englisch, Deutsch und Französisch. Auch Lesungen finden hier statt.

③ Galleria Totem Il Canale
Karte C5 ■ Rio Terrà Antonio Foscarini, Dorsoduro 878/B

Zwischen afrikanischem Kunsthandwerk finden sich auch Ketten aus alten venezianischen Glasperlen – heute wertvolle Antiquitäten.

④ Signor Blum
Karte K5 ■ Campo Santa Barnaba, Dorsoduro 2840

Eine Künstlerinnen-Kooperative fertigt Laubsägearbeiten von Venedigs Sehenswürdigkeiten und handbemalte Spielzeugfiguren *(siehe S. 73)*.

Bei Signor Blum

⑤ Augusto Mazzon
Karte L5 ■ Calle del Traghetto, Dorsoduro 2783

Einer der schönen vergoldeten Engel des Holzschnitzers und Malers Danilo gehört auf jeden Christbaum! Der Künstler fertigt auch Bilderrahmen und Möbel an.

⑥ Officina Veneziana
Karte K4 ■ Campo San Pantalon, Dorsoduro 3701 ■ So geschl.

Der Laden führt hübschen Art-déco-Schmuck, Oster- und Weihnachtsdekoration und feines Porzellan.

⑦ Perla Madre Design
Karte K5 ■ Calle delle Botteghe, Dorsoduro 3182

Designerin Simona Lacovazzi macht aus Glasperlen schönen bunten Schmuck – direkt vor Ihren Augen.

Design bei Madera

⑧ Madera
Karte K5 ■ Campo Santa Barnaba, Dorsoduro 2762

Minimalistischer Stil prägt die Designobjekte aus Holz, Glas und Keramik, die der schicke Laden führt.

⑨ Libreria Toletta
Karte L6 ■ Sacca della Toletta, Dorsoduro 1213

Neben Büchern über Kunst und Architektur bietet der beliebte Laden auch eine große Auswahl an englischsprachigen Reiseführern.

⑩ Arras
Karte L5 ■ Campiello Squelini, Dorsoduro 3235

Der Laden birgt Kleidung, Taschen und allerlei mehr aus handgewebten Stoffen in wunderschönen Farben.

Restaurants & Cafés

Preiskategorien

Preis für ein Drei-Gänge-Menü pro Person mit einer halben Flasche Wein inkl. Steuern und Service.

€ unter 40 € ▪ €€ 40 – 60 € ▪ €€€ über 60 €

① Gelateria Nico
Karte C5 ▪ Zattere, Dorsoduro 922 ▪ +39 041 522 5293 ▪ €

Die beliebteste Kreation in Venedigs berühmtester Eisdiele ist *gianduiotto da passeggio* – Schokoladen- und Haselnusseis mit viel Schlagsahne *(siehe S. 66)*.

Gianduiotto da passeggio

② Osteria Enoteca Ai Artisti
Karte C5 ▪ Fondamenta della Toletta, Dorsoduro 1169/A ▪ +39 041 523 8944 ▪ So & Mo geschl. ▪ €€

Nicht nur die Ravioli mit Meeresfrüchten lohnen den Besuch dieses behaglichen Lokals am Kanal.

③ La Bitta
Karte K6 ▪ Calle Lunga San Barnaba, Dorsoduro 2753 ▪ +39 041 523 0531 ▪ mittags & So geschl. ▪ keine Kreditkarten ▪ €€

Gute Weine begleiten die Gerichte in dem kleinen Restaurant, das bewusst keinen Fisch serviert. Lassen Sie Platz für ein Dessert *(siehe S. 69)*.

④ Impronta Caffè
Karte K4 ▪ Calle dei Preti, Dorsoduro 3815 ▪ +39 041 275 0386 ▪ So abends geschl. ▪ €

Vernünftige Preise und ausgedehnte Öffnungszeiten machen dieses Lokal allgemein beliebt.

⑤ La Rivista
Karte C5 ▪ Hotel Ca' Pisani, Rio Terrà Foscarini, Dorsoduro 979/A ▪ +39 041 240 1411 ▪ Mo geschl. ▪ €€

Genießen Sie innovative Küche und entspanntes Flair in modernem Ambiente. Die kreativen Gerichte sind so toll wie die Weinauswahl.

⑥ Ai Gondolieri
Karte D5 ▪ Ponte del Formager, Dorsoduro 366 ▪ +39 041 528 6396 ▪ €€

Eines der besten Restaurants der Stadt serviert zur Saison Wild aus dem Veneto und bietet gute Weine.

⑦ Bar alla Toletta
Karte L6 ▪ Sacca della Toletta, Dorsoduro 1191 ▪ +39 041 520 0196 ▪ €

Die Sandwiches der Bar – immer frisch und gut bestückt – sind stadtbekannt.

⑧ Pasticceria Tonolo
Karte K4 ▪ Calle San Pantalon, Dorsoduro 3764 ▪ +39 041 523 7209 ▪ Mo geschl. ▪ €

In der exzellenten Konditorei – seit gut 120 Jahren in Betrieb – versorgen sich Venezianer gern mit Mandelkeksen, Krapfen und Mini-Pizzas.

⑨ Gelateria Il Doge
Karte K5 ▪ Campo Santa Margherita, Dorsoduro 3058/A ▪ +39 041 523 4607 ▪ Dez & Jan geschl. ▪ €

Crema del doge ist nur eine der köstlichen Verführungen der beliebten Eisdiele *(siehe S. 66)*.

⑩ Lineadombra
Karte D5 ▪ Ponte dell'Umiltà, Dorsoduro 19 ▪ +39 041 241 1881 ▪ €€€

Hinter der Kirche La Salute kann man direkt am Wasser Spezialitäten wie Thunfischtatar oder Wolfsbarsch in Salzkruste genießen.

Terrasse des Lineadombra

Siehe Karte S. 96f

TOP 10 Cannaregio

Statue am
Campo dei Mori

Das geschäftige Viertel erstreckt sich halb-
mondförmig vom nördlichen Ufer des Canal
Grande zur Lagune und vom Bahnhof Santa
Lucia bis zum Krankenhaus der Stadt. Sein
Name leitet sich vom italienischen Wort für
Riedgras *(canne)* ab, das hier einst weite
Flächen bedeckte. In diesem *sestiere* lebten
Marco Polo, Tizian und auch Tintoretto, des-
sen Gemälde die Kirche Madonna dell'Orto
schmücken. Historisch interessant ist das
alte Jüdische Getto. Sowohl die Strada Nova,
Hauptdurchgangsstraße der Stadt, als auch
Venedigs schmalste Gasse, die nur knapp
60 Zentimeter breite Calle Varisco, führen
durch Cannaregio.

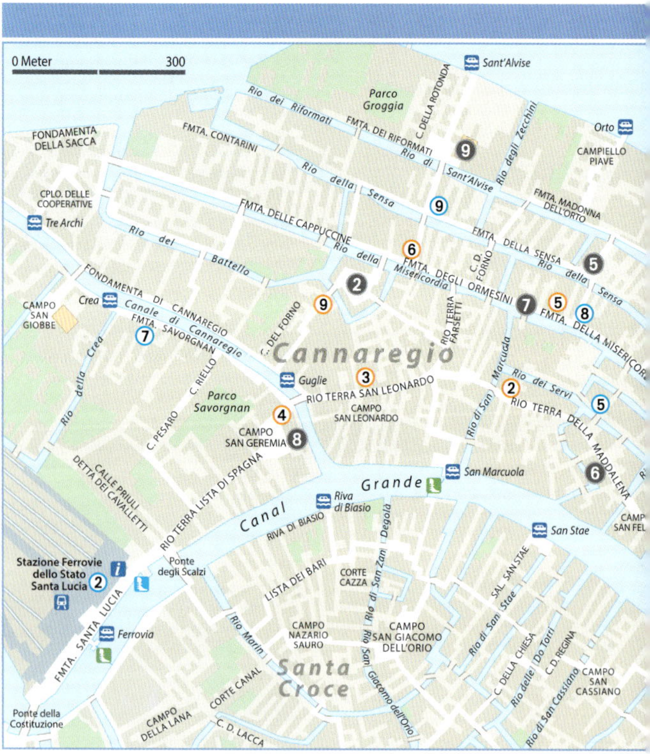

Cannaregio

Sant'Alvise

Parco Groggia

FONDAMENTA DELLA SACCA

FMTA. CONTARINI

Rio dei Riformati

FMTA. DEI RIFORMATI

Rio di

C. DELLA ROTONDA

Rio degli Zecchini

9

Orto

CAMPIELLO PIAVE

CPLO. DELLE COOPERATIVE

Tre Archi

Rio del

Battello

FMTA. DELLE CAPPUCCINE

Rio della Sensa

Sant'Alvise

9

FMTA. MADONNA DELL'ORTO

FMTA. DELLA SENSA

Rio della Sensa

5

FONDAMENTA DI CANNAREGIO

Crea

Canale di Cannaregio

FMTA. SAVORGNAN

7

Rio della Crea

Rio del

Rio della Misericordia

6

FMTA. DEGLI ORMESINI

2

C. D. FORNO

9

RIO TERRA FARSETTI

7 5 8

FMTA. DELLA MISERICORDIA

CAMPO SAN GIOBBE

C. RIELLO

C. DEL FORNO

Cannaregio

Guglie

3

RIO TERRA SAN LEONARDO

Rio di San Marcuola

Rio dei Servi

2

RIO TERRA DELLA MADDALENA

5

Parco Savorgnan

C. PESARO

4

CAMPO SAN GEREMIA

8

CAMPO SAN LEONARDO

CALLE PRIULI DETTA DEI CAVALLETTI

RIO TERRA LISTA DI SPAGNA

Grande

San Marcuola

6

Canal

Riva di Biasio

San Stae

CAMPO SAN FEL

Stazione Ferrovie dello Stato Santa Lucia

2

FMTA. SANTA LUCIA

Ferrovia

Ponte degli Scalzi

RIVA DI BIASIO

LISTA DEI BARI

CORTE CAZZA

Rio Marin

Rio di San Zan Degolà

SAL SAN STAE

San Stae

SAL SAN STAE

Rio di San Stae

C. DELLA CHIESA

Rio delle Do Torri

C. D. REGINA

CAMPO SAN CASSIANO

Rio di San Cassiano

Ponte della Costituzione

CAMPO DELLA LANA

CORTE CANAL

C. D. LACCA

CAMPO NAZARIO DELL'ORIO

Rio di San Giacomo dell'Orio

CAMPO SAN GIACOMO DELL'ORIO

Santa Croce

0 Meter   300

1 Ca' d'Oro

Karte N1 ■ Calle Ca' d'Oro, Cannaregio 3932 ■ +39 041 520 0345 ■ Mo 9–13.30 Uhr, Di–So 9–19 Uhr ■ Eintritt ■ www.cadoro.org

Hinter dem gotischen Maßwerkgitter des Palazzo *(siehe S. 46)* liegt ein prächtiger gepflasterter Säulenhof. Das Haus birgt die Galleria Giorgio Franchetti, eine reizvolle Sammlung von Gemälden, Skulpturen, Münzen und Keramiken, die Baron Giorgio Franchetti 1916 samt Gebäude dem Staat vermachte. Ein Glanzlicht ist Andrea Mantegnas von Pfeilen durchbohrter *Heiliger Sebastian* von 1560. Er steht in der Säulenhalle, die zu einer Loggia am Canal Grande führt. Über eine Prunktreppe gelangt man in den zweiten Stock, wo flämische Wandteppiche aus dem 16. Jahrhundert zu sehen sind.

Das Getto war eine abgeschlossene Insel

2 Jüdisches Getto

Karte C1 ■ Museo Ebraico: Campo del Ghetto Novo, Cannaregio 2902/B; +39 041 715 359; So–Mi & Fr 10–17.30 Uhr, Do 11–18.30 Uhr; an jüdischen Feiertagen geschl.; Eintritt ■ www.museoebraico.it

Ghetto, venezianisch für »Gießerei«, bezeichnet den Teil von Venedig, wo dieses Handwerk einst betrieben wurde. Als abgeschlossenes Wohngebiet der Juden wurde er zum Namensgeber für solche Areale. Nach der Vertreibung aus Spanien 1492 kamen viele Juden nach Venedig, 1516 verbannte sie ein Gesetz in dieses Viertel. Ein Ausgangsverbot sollte sie hindern, sich mit venezianischen Frauen einzulassen. Nachts wurden die Tore verschlossen, um die Insel patrouillierte ein Wachboot. Jede Sprachgruppe hatte hier ihre eigene Synagoge. Aus Platzmangel stockte man Häuser auf sieben Etagen auf. Venedig hat heute eine lebendige jüdische Gemeinde, doch im alten Viertel leben nur noch wenige Juden. Das Museo Ebraico beleuchtet die Geschichte und veranstaltet Führungen durch die fünf Synagogen.

3 Corte Seconda del Milion

Karte Q2

Wo heute das Teatro Malibran steht, befand sich das Haus der Familie Polo, in dem 1254 ihr berühmter Sohn Marco *(siehe S. 50)* zur Welt kam. Der Platz ist – wie auch die angrenzende Brücke – zu Ehren des Entdeckers benannt, der mit seinem Buch *Il Milione* Generationen von Orient-Reisenden inspirierte.

1 Top-10-Attraktionen
siehe S. 103–105

1 Restaurants & Cafés
siehe S. 107

1 Besondere Läden
siehe S. 106

Canale delle Fondamente Nove

Sacca della Misericordia

FONDAMENTE NOVE

Rio di Noale
C.L. SANTA CATERINA
C. MARCO FOSCARINI
Rio della Sensa

10

Fondamente Nove

CAMPO DEI GESUITI

Rio di Ca' Dolce

CORTE CARITA

10

CALLE DEL FUMO

CAMPIELLO WIDMANN

RIO TERRA DEI SANTI APOSTOLI

SAN FELICE
C. DELLA RACCHETTA
Rio della Racchetta

STRADA NOVA

8

Ca' d'Oro

1

10

CAMPO DEI SANTI APOSTOLI

1

Rio dei Santi Apostoli

3

SAL. SAN CANCIANO

Rio della Panada

7

CAMPO PESCHERIA

Rialto Mercato

RUGA D. SPEZIALI

4

4

3

CAMPO SAN MARINA

Santa Maria dei Miracoli

④ Santa Maria dei Miracoli
Karte Q2 ■ Campo dei Miracoli
■ Mo–Sa 10.30–13.30 & 14.30–17 Uhr
■ Eintritt ■ www.chorusvenezia.org

Die Renaissancekirche, ein wahres Schmuckkästchen mit Marmorvertäfelung und schönen Basreliefs, ist nach dem angeblich wundertätigen Madonnenbild benannt, das 1409 von Nicolò di Pietro geschaffen wurde und am Hauptaltar zu bewundern ist *(siehe S. 48)*.

⑤ Campo dei Mori
Karte D1

Der trichterförmige Platz ist nach den Statuen dreier »Mauren« benannt, die aber weder Nordafrikaner noch Muslime waren, sondern aus Morea in Griechenland stammten: Die Brüder Rioba, Sandi und Afani Mastelli waren Händler und bewohnten im Mittelalter einen nahen Palazzo *(siehe S. 47)*. Im Haus Cannaregio 3399, gleich bei der Brücke über den Rio della Sensa, lebte im 16. Jahrhunert der Maler Tintoretto *(siehe S. 54)*.

Juden in Venedig

Zur Zeit der Republik wurde ein Gesetz erlassen, nach dem Juden nur als Textilhändler, Ärzte oder Geldverleiher arbeiten durften. Die meisten hier lebenden Juden waren Flüchtlinge aus anderen Teilen Europas. Sie führten Reisgerichte in die venezianische Küche ein. Eine Gedenkstätte im Getto erinnert an die Gräuel des Holocaust.

---

⑥ Farmacia Ponci
Karte D2 ■ Strada Nova, Cannaregio 2233/A

Venedigs älteste Apotheke, die *Casa degli speziali*, ist noch in Betrieb – inzwischen schließt aber ein moderner Verkaufsraum an die Räumlichkeiten aus dem 16. Jahrhundert an. Regale aus Bruyèreholz, verziert mit barocken Statuen aus Zirbelkiefer, tragen die Porzellangefäße aus dem 17. Jahrhundert mit Arzneien. Gift wurde aus Sicherheitsgründen im Hinterzimmer aufbewahrt. 1564 waren in Venedig 518 Apotheken registriert.

⑦ Fondamenta della Misericordia & Fondamenta degli Ormesini
Karte C2

In den beiden parallel zur Strada Nova und ihrer Fortsetzung verlaufenden Uferstraßen wird gute Nachbarschaft gepflegt. Hier finden sich zwischen Buchläden und kleinen Cafés einige einladende *osterie*. Die Gegend erlebt derzeit eine Art Renaissance – Freunde guten Essens kommen hier auf ihre Kosten. Das Wort *ormesini* leitet sich von einem kostbaren Gewebe ab, das in Hormuz (heute Iran) gehandelt und in Florenz und Venedig imitiert wurde. Die Fondamenta degli Ormesini geht stadteinwärts in die Fondamenta della Misericordia über, an der das zuweilen für Ausstellungen geöffnete Ziegelgebäude der Scuola Grande della Misericordia liegt.

⑧ Palazzo Labia
Karte C2 ■ Campo San Geremia, Cannaregio 275 ■ für Besucher geschl.

Nachdem seine Besitzer mit dem Zusammenbruch der Republik nach Wien geflohen waren, barg der im 17. Jahrhundert erbaute Palazzo am Canale di Cannaregio eine Seidenspinnerei, ein Sägewerk und eine

Schule; heute gehört er der italienischen Rundfunkanstalt RAI. 1945 richtete die Explosion eines Munitionsboots schwere Schäden an, doch der Ballsaal mit Fresken von Tiepolo konnte restauriert werden.

⑨ Sant'Alvise

Karte C1 ■ **Campo Sant'Alvise, Cannaregio 3205** ■ **Mo – Sa 10.30 – 13.30 & 14.30 – 17 Uhr** ■ **Eintritt** ■ **www.chorusvenezia.org**

Angeblich ließ eine venezianische Adlige die Kirche 1388 zu Ehren von Ludwig von Toulouse errichten, nachdem der Heilige ihr im Traum erschienen war. Im 17. Jahrhundert schufen Pietro Antonio Torri und Pietro Ricchi im Zuge einer Renovierung die Deckenfresken. Weitere bemerkenswerte Kunstwerke sind Giovanni Battista Tiepolos Gemälde *Prozessionsweg*, *Die Dornenkrönung* und *Die Geißelung Christi*.

Deckenfresko der Kirche Sant'Alvise

⑩ Fondamente Nove
Karte E2

An der Uferstraße gegenüber der Friedhofsinsel San Michele *(siehe S. 118)* laufen die Boote zu den nördlichen Inseln der Lagune aus. Hier gibt es eine der wenigen Bootstankstellen der Stadt. Die Straße wurde erst Mitte des 16. Jahrhunderts angelegt. Davor reichte die Lagune bis zum Garten von Tizians Haus in der Calle Larga dei Botteri (Nr. 5113), was dem Maler an klaren Tagen freien Blick auf die Alpen ermöglichte.

Spaziergang

▶ Vormittags

Beginnen Sie den Tag mit einem Besuch der Galleria Giorgio Franchetti im wunderbaren Palazzo **Ca' d'Oro** und nehmen Sie sich dabei auch Zeit für die Balkone mit Blick auf den Canal Grande und die Mosaiken im Hof. Nach der Besichtigung schlendern Sie die **Fondamenta della Misericordia** entlang und gönnen sich in der **Torrefazione Cannaregio** *(siehe S. 67)* eine Tasse des wohl besten Kaffees in ganz Venedig. Von hier ist es nicht mehr weit ins **Jüdische Getto**, wo das Museo Ebraico Wissenswertes bietet und Führungen durch die Synagogen organisiert.

Für ein Mittagessen abseits von Pizza und Pasta empfiehlt sich das Lokal **Orient Experience** (Rio Terrà Farsetti, Cannaregio 1847; +39 041 822 4337), wo man auch draußen sitzen kann.

Nachmittags

Spazieren Sie nach dem Essen am Kanal entlang bis zum **Ponte dei Tre Archi** *(siehe S. 58)* und noch ein kleines Stück weiter zur nördlich gelegenen **Fondamenta della Sacca**, wo man an klaren Tagen bis zu den Dolomiten sieht. Dann gehen Sie Richtung Osten zur Kirche **Madonna dell'Orto** *(siehe S. 49)*. Sehen Sie sich die Gemälde von Tintoretto an und besuchen Sie auch den **Campo dei Mori**, wo der Künstler lebte.

Vielleicht beschließen Sie den Tag mit einem guten Glas Wein in der Bar **Al Timon** (Fondamenta degli Ormesini, Cannaregio 2754; +39 041 524 6066).

Siehe Karte S. 102f ➤

Besondere Läden

1 Tà Kalà
Karte D2 ▪ Strada Nova, Cannaregio 4393/C

Der Souvenirladen nahe dem Campo Santi Apostoli führt faszinierende Hologramme, schönes Murano-Glas und hübschen Modeschmuck.

2 Mori & Bozzi
Karte D2 ▪ Rio Terrà della Maddalena, Cannaregio 2367

Die tolle Auswahl an edlem Schuhwerk – von hochhackig bis flach – lässt so manches Frauenherz höherschlagen. Das Schuhgeschäft zählt nicht umsonst zu Venedigs besten.

3 Mercato di Rio Terrà San Leonardo
Karte C2 ▪ Rio Terrà San Leonardo

An Werktagen findet in der Straße ein netter Markt statt, auf dem es vormittags und am Spätnachmittag lebhaft zugeht.

Mercato di Rio Terrà San Leonardo

4 Luna Darin
Karte C2 ▪ Salizada San Geremia, Cannaregio 316

Stöbern Sie in handgefertigten Glasperlen jeder Form und Farbe und in Fenster- und Weihnachtsschmuck.

5 Costumi Nicolao Atelier
Karte C1 ▪ Fondamenta degli Ormesini, Cannaregio 2590

Das Laden verleiht Karnevalskostüme für jeden Geschmack. Außerdem kann man sich hier für kurzfristige Anlässe mit Ballkleid bzw. Smoking ausstatten.

Kunst zum Verkauf bei Codex

6 Codex
Karte C2 ▪ Fondamenta degli Ormesini, Cannaregio 2778

Die Künstler Nelson Kishi und Robin Frood verkaufen in ihrem Studio mit Ausstellungsraum Zeichnungen, Gemälde und Poster.

7 Miani
Karte Q2 ▪ Salizada San Cancian, Cannaregio 5577 ▪ So geschl.

Man kann den Handwerkern des Familienbetriebs zusehen, wie sie Perlen aus Murano-Glas zu schönen Schmuckstücken machen.

8 Salmoiraghi & Viganò
Karte D2 ▪ Strada Nova, Cannaregio 3928/30

Italienische Brillenmarken sind modisch und erfreulich preiswert. Der renommierte Optiker stattet eine Fassung innerhalb eines Tages mit den passenden Gläsern aus.

9 Arte Ebraica Shalom
Karte C1 ▪ Calle Ghetto Vecchio, Cannaregio 1218

Dieser Kunsthandwerksladen konzentriert sich auf jüdische Objekte wie Menoras mit Murano-Glas und Mesusas mit Mosaikverzierung.

10 Gianni Basso
Karte E2 ▪ Calle del Fumo, Cannaregio 5306

Der kleine Laden wirkt wie ein Museum der Druckerei. Gianni Basso fertigt edles Briefpapier oder Post- und Visitenkarten nach Wunsch.

Restaurants & Cafés

1 Ristorante Al Fontego dei Pescatori
Karte D2 ▪ Calle Priuli, Cannaregio 3726 ▪ +39 041 520 0538 ▪ €

Das schlichte Fischrestaurant mit nettem Innenhof ist seit Langem für saisonale Spezialitäten bekannt.

2 Grom
Karte B3 ▪ Fondamente Santa Lucia, Cannaregio 1 ▪ €

Am Bahnhof bietet eine Filiale der italienischen Eisdielenkette Eiscreme, Sorbets und Milchshakes.

3 Ostaria Boccadoro
Karte E3 ▪ Campo Widmann, Cannaregio 5405 ▪ +39 041 521 1021 ▪ €€€

Nach Nudeln oder einem Meeresfrüchteteller schmeckt auch noch ein Dessert. Die Weinauswahl lässt keine Wünsche offen *(siehe S. 68)*.

4 Taverna al Remer
Karte D3 ▪ Campiello Remer, Cannaregio 5701 ▪ +39 041 522 8789 ▪ €€€

Fässer dienen in dem umgebauten Lagerhaus als Tische, wo man das leckere Büfett genießen kann.

5 Il Santo Bevitore
Karte D2 ▪ Campo Santa Fosca, Cannaregio 2393 ▪ €

Zu Drinks und Snacks gibt es in der entspannten Bar auch Livemusik.

6 Vini da Gigio
Karte D2 ▪ Fondamenta San Felice, Cannaregio 3628/A ▪ +39 041 528 5140 ▪ Mo geschl. ▪ €€

Das reizende Restaurant am Kanal serviert modern interpretierte traditionelle Gerichte *(siehe S. 68f)*.

7 Al Parlamento
Karte B2 ▪ Fondamenta Savorgnan, Cannaregio 511 ▪ +39 041 244 0214 ▪ €

In dem Café kann man bei einfachen, aber sehr leckeren Gerichten die Boote am Kanal beobachten.

Preiskategorien

Preis für ein Drei-Gänge-Menü pro Person mit einer halben Flasche Wein inkl. Steuern und Service.

€ unter 40 € €€ 40–60 € €€€ über 60 €

Da Rioba bietet Tische im Freien

8 Ostaria Da Rioba
Karte D2 ▪ Fondamenta della Misericordia, Cannaregio 2553 ▪ +39 041 524 4379 ▪ Mo geschl. ▪ €€–€€€

Unter den venezianischen Klassikern des Restaurants finden sich viele Fischgerichte, die in der Küche modern interpretiert und abgewandelt werden.

9 Osteria Anice Stellato
Karte C1 ▪ Fondamenta della Sensa, Cannaregio 3272 ▪ +39 041 720 744 ▪ So & Mo geschl. ▪ €€

Auch wenn die Fisch- und Fleischgerichte noch so gut sind – in dem beliebten Lokal sollten Sie Platz für die köstliche *zabaglione* lassen. Frühes Reservieren ist empfohlen.

10 Osteria ai Promessi Sposi
Karte P1 ▪ Calle dell'Oca, Cannaregio 4367 ▪ +39 041 241 2747 ▪ Mo mittags geschl. ▪ €

In dem zwanglosen kleinen Restaurant serviert freundliches Personal leckere *cicchetti* (Barsnacks) und Antipasti, aber auch viele klassische venezianische Gerichte.

Siehe Karte S. 102f

TOP10 Castello

Für den Namen des Stadtteils sorgte eine Festung, die im 8. Jahrhundert die kleine Insel San Pietro einnahm. Der Westen Castellos birgt eine ganze Reihe von Sehenswürdigkeiten, darunter die Kirchen Santi Giovanni e Paolo und San Zaccaria. Große Teile des *sestiere* nimmt der historische Arsenale ein. Die Giardini sind Schauplatz der Biennale.

Riva degli Schiavoni

① Riva degli Schiavoni
Karte F4

Auf der von Souvenirständen gesäumten Promenade drängen sich die Besucher. Ein Spaziergang entlang der Palazzi (heute vorwiegend Hotels) führt vorbei am Denkmal von Vittorio Emanuele, Italiens erstem König, bis zum Ponte della Paglia – benannt nach dem Stroh *(paglia)*, das hier von Booten geladen wurde. Von der Brücke aus istrischem Stein an der Grenze zu San Marco kann man schöne Fotos von der Seufzerbrücke machen. Am östlichen Ende der Straße liegt die Ca' di Dio (»Haus Gottes«) aus dem 13. Jahrhundert, eine Herberge für Pilger auf dem Weg ins Heilige Land.

② Hotel Danieli
Karte E4 ▪ Riva degli Schiavoni, Castello 4196

Der gotische Palazzo mit der rostroten Fassade unweit der Piazza San Marco stammt aus dem 15. Jahrhundert. Nach mehreren adligen Besitzern wurde das Haus 1822 von Joseph da Niel übernommen und in ein Hotel *(siehe S. 146)* umgewandelt. Charles Dickens, Richard Wagner und John Ruskin waren hier schon Gäste. Der umstrittene Anbau aus den 1940er Jahren ist zwar nicht schön, bietet aber ein reizvolles Dachrestaurant.

Augenfällige Fassade des Hotel Danieli

③ Santa Maria della Pietà
Karte F4 ▪ Riva degli Schiavoni, Castello 3700 ▪ Di – So 14 –18 Uhr ▪ Eintritt ▪ www.pietavenezia.org

Die Kirche mit der klassizistischen Fassade ist untrennbar mit Antonio Vivaldi verbunden. Sie gehörte zum angrenzenden Waisenhaus, in dem der Musiker einst unterrichtete. Während der regelmäßigen Abendkonzerte hat man Gelegenheit, Tiepolos erhabenes Deckenfresko zu bewundern. Die Chorknaben des Waisenhauses sind an den Zweigen mit Granatapfelblüten zu erkennen. Das Chorgestühl bot früher nicht nur den Sängern Platz, sondern auch Adligen, die sich nicht unter das gewöhnliche Volk mischen wollten.

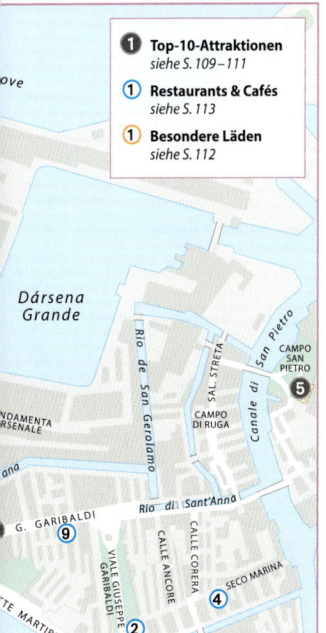

Dársena Grande

NDAMENTA RSENALE

G. GARIBALDI

RIO di Sant'Anna

SAL. STRETA

Rio de San Gerolamo

CAMPO DI RUGA

Canale di San Pietro

CAMPO SAN PIETRO

VIALE GIUSEPPE GARIBALDI

CALLE ANCORE

CALLE CORERA

SECO MARINA

TE MARTIRI

Santa Maria della Pietà

④ Arsenale
Karte G3

Das Wort »Arsenale« leitet sich vom arabischen *darsina'a* (Fabrik) ab. In ihrer Blütezeit beschäftigten Venedigs Werften bis zu 16 000 Arbeiter. Sie bauten jene Flotten, die den Einfluss der Republik durch schwungvollen Handel und Überlegenheit auf See ausdehnten. Dank der innovativen Produktionsstraßen konnte im Arsenale eine Galeere in wenigen Stunden gebaut werden. Einige der von Mauern umgebenen alten Docks werden während der Biennale als Ausstellungsfläche genutzt. Die Steinlöwen am Tor sind allesamt Beutestücke aus Griechenland.

Zugang zum Arsenale

⑤ San Pietro di Castello
Karte H4 ▪ Basilica di San Pietro di Castello: Mo – Sa 10.30 – 13.30 & 14.30 – 17 Uhr; Eintritt; www.chorus venezia.org

Die verschlafene Insel mit den beschaulichen Plätzen und den kleinen Häfen war bis 1807, als die Basilica di San Marco Kathedrale der Stadt wurde, Venedigs religiöses Zentrum. San Pietro ist mit Castello durch zwei Brücken verbunden. Ende Juni belebt ein Markt die kleine Insel. Die Basilica di San Pietro di Castello entwarf Andrea Palladio.

⑥ Campo Santi Giovanni e Paolo
Karte E3

Die Tische vieler Cafés füllen den belebten, von der Kirche Santi Giovanni e Paolo *(siehe S. 48)* überragten Platz. Dazwischen steht eine der prächtigsten Reiterstatuen: ein stilisiertes Bildnis des großen *condottiere* Bartolomeo Colleoni aus dem 15. Jahrhundert. Der Feldherr hatte der Stadt sein Vermögen unter der Bedingung vermacht, dass sein Standbild vor San Marco aufgestellt würde. Man interpretierte dies großzügig und stellte die Statue vor der Scuola Grande di San Marco auf – die mit Trompe-l'Œil-Malerei ausgestaltete ehemalige Wohlfahrtseinrichtung ist heute ein Krankenhaus.

⑦ Campo Santa Maria Formosa
Karte E3 ▪ Chiesa di Santa Maria Formosa: Mo – Sa 10.30 – 13.30 & 14.30 – 17 Uhr; Eintritt; www.chorusvenezia.org

Auf dem sonnigen Platz steht eine hübsche Kirche, die sich in alle Richtungen auszudehnen scheint. Ihr Bau geht zurück auf die Vision eines Bischofs aus dem 7. Jahrhundert, in der ihn die »wohlgeformte« *(formosa)* Jungfrau Maria bat, die Kirche dort zu errichten, »wo sich eine weiße Wolke niederlässt«. Die Kunstwerke schufen Vivarini und Palma il Vecchio. Der Platz, auf dem einst Stierkämpfe stattfanden, lädt heute zu Picknicks und zum Fußballspielen ein.

⑧ San Francesco della Vigna
Karte F3 ▪ Campo San Francesco della Vigna, Castello 2786 ▪ Mo – So 8 – 12.30 & 15 – 18 Uhr

Die große Franziskanerkirche in einer Seitengasse von Castello erbaute Sansovino, nur die Fassade stammt von Palladio *(siehe S. 55)*. Sehenswert sind vor allem der Kreuzgang mit seinen schönen Arkaden, Giovanni Bellinis *Madonna mit Kind* (1507) und Veroneses *Jungfrau mit Kind und Heiligen* (1551). Wo im 13. Jahrhundert noch der namensgebende Weinberg *(vigna)* lag, finden sich heute Spielplätze.

Statue am Campo Santi Giovanni e Paolo

⑨ Via Garibaldi & Giardini

Karte H5

Die breite Straße, die heute Cafés säumen, wurde nach General Garibaldi benannt, als der 1866 bei seinen Bemühungen um die Einigung Italiens in Venedig einmarschierte. Um Platz für die Giardini zu schaffen, ließ Baumeister Giannantonio Selva *(siehe S. 55)* 1807 vier Kirchen und Klöster wie auch ein Hospiz für Seeleute abreißen.

Via Garibaldi

⑩ Ospedaletto

Karte F3 ▪ **Barbaria delle Tole, Castello 6691** ▪ **Führungen nach Vereinbarung (booking@gioiellinascosti divenezia.it)** ▪ **Eintritt**

Die Skulpturen an der Fassade der 1575 erbauten Armenhauskirche fügte Longhena 1674 an. In der Sala della Musica mit Fresken von Jacopo Guarana (18. Jh.) gaben die Mündel des Waisenhauses einst Konzerte.

Biennale di Venezia

Die Giardini mit der prächtigen Allee wurden 1895 durch eine Initiative des Unternehmers Graf Volpi di Misurata zum Ausstellungsgelände für internationale Kunst. Alle zwei Jahre (in ungeraden Jahren) stellen Künstler aus über 50 Ländern in den Pavillons aus, die in den letzten Jahren berühmte Architekten wie Alvar Aalto, Carlo Scarpa oder James Stirling gestaltet haben.

Spaziergang

▶ Vormittags

Starten Sie am **Campo Santi Giovanni e Paolo** und besuchen Sie die gotische Kirche am Platz. Werfen Sie auch einen Blick in nahe Stadtkrankenhaus **Ospedale SS. Giovanni e Paolo** *(siehe S. 142)*, wo neben der hübschen Renaissancefassade auch noch die alten Höfe und Gebäude der Bruderschaft zu sehen sind. Eine Rast im nostalgischen Café **Rosa Salva** (Campo Santi Giovanni e Paolo, Castello 6779; +39 041 522 7949) passt zum historischen Motto.

Spazieren Sie dann nach Süden über den **Campo Santa Maria Formosa** zur Kirche **San Zaccaria** *(siehe S. 48)* mit Bellinis Madonnenbild und weiter zur **Scuola di San Giorgio degli Schiavoni** *(siehe S. 57)* mit Bildern von Carpaccio. Mittagessen gibt es dann in der **Via Garibaldi** – z. B. bei **Il Nuovo Galeon** (Castello 1309; +39 041 520 4656).

Nachmittags

Frisch gestärkt folgen Sie der Straße gen Osten und gelangen nach **San Pietro di Castello**. Nach einem Besuch der kleinen Insel geht es zurück zur Lagune – mit einem Abstecher in die schattige Allee mit der **Giuseppe-Garibaldi-Statue** – und zu den **Giardini**.

Auf der Uferstraße Richtung San Marco passieren Sie eine Skulptur, die Partisaninnen des Zweiten Weltkriegs ehrt, dann finden Sie in der Weinbar **Angiò** (Riva di San Biasio, Castello 2142; +39 041 277 8555; Di geschl.) den idealen Ort, um bei Wein und Pizza den Tag ausklingen zu lassen.

Siehe Karte S. 108f

Besondere Läden

(1) Le Ceramiche
Karte F4 ▪ Calle del Pestrin, Castello 3876 ▪ Mi & Do geschl.
Alessandro Merlin fertigt in seiner kleinen Töpferwerkstatt traditionelle Teller und Tassen sowie Fliesen in schwarz-weißem Design.

(2) VizioVirtù Cioccolateria
Karte E3 ▪ Calle Forneri, Castello 5988
Die Schokoladenmanufaktur nutzt alte venezianische Rezepte für ihre köstlichen Kreationen. Vereinbaren Sie eine Verkostung (info@viziovirtu.com), das Vergnügen lohnt sich.

(3) Papier Mâché
Karte R3 ▪ Calle Lunga Santa Maria Formosa, Castello 5174/B ▪ So geschl.
Einer der wenigen authentischen Maskenläden der Stadt hat auch schöne Keramiken im Sortiment.

(4) Il Papiro
Karte E4 ▪ Calle delle Bande, Castello 5275
Schachteln aus marmoriertem Papier, stilvolles Briefpapier und Grußkarten sind schöne Souvenirs oder Geschenke.

Venezianische Maske

(5) Bragorà
Karte F4 ▪ Salita Sant'Antonin, Castello 3496
Die meisten der dekorativen Kunstgegenstände im Sortiment dieses reizenden Ladens stammen von hiesigen Designern.

Alles aus Designerhand bei Bragorà

Bücherstapel in der Libreria Acqua Alta

(6) Libreria Acqua Alta
Karte R3 ▪ Calle Lunga Santa Maria Formosa, Castello 5176
Der Laden, in dem sich Bücher in einer Gondel türmen, bietet viel Literatur über Venedig.

(7) Muranero
Karte F4 ▪ Salizada del Pignater, Castello 3545
Der senegalesische Künstler Niang Moulaye kombiniert für die Herstellung traumhafter Schmuckstücke afrikanische Techniken mit der venezianischen Kunst des Glasblasens.

(8) Ratti
Karte F4 ▪ Salizada San Lio, Castello 5825 ▪ So geschl.
Seit 1882 gibt es Ratti in Venedig. Das Angebot reicht von Elektronikartikeln über Haushaltswaren bis zu Gartenbedarf.

(9) Corte delle Fate
Karte E3 ▪ Salizada San Lio, Castello 5690
Die Boutique führt ultramodernes Schuhwerk, verrückte Accessoires und trendige Mode.

(10) Giovanna Zanella
Karte Q3 ▪ Calle Carminati, Castello 5641
Diesen Laden mit handgefertigten Schuhen in fantasievollem Design sollte man beim Shoppingbummel keinesfalls auslassen.

Restaurants & Cafés

① Corte Sconta
Karte F4 ■ Calle del Pestrin, Castello 3886 ■ +39 041 522 7024 ■ Mo & Di geschl. ■ €€€

Eines der besten Restaurants in Venedig serviert u. a. Meeresfrüchte-Antipasti, die ihresgleichen suchen *(siehe S. 68)*.

② Caffè La Serra
Karte H5 ■ Viale Giuseppe Garibaldi, Castello 1254 ■ +39 041 296 0360 ■ €

Das nette Lokal in einem früheren Gewächshaus ist ideal für eine kleine Mahlzeit nach dem Besuch der Biennale-Gärten.

③ Boutique del Gelato
Karte E3 ■ Salizada San Lio, Castello 5727 ■ +39 041 522 3283 ■ Dez & Jan geschl. ■ €

Stellen Sie sich in die Schlange der beliebten *gelateria* – Sorten wie *limone*, *fragola* (Erdbeer) und *gianduiotto* (Nuss-Nugat-Praliné) sind es wert.

④ Trattoria dai Tosi Piccoli
Karte H5 ■ Secco Marina, Castello 736/38 ■ +39 041 523 7102 ■ Mi geschl. ■ €

Vor allem während der Biennale geht es in dem Restaurant hoch her. Der Renner ist *pasta della casa* mit Meeresfrüchten und Gemüse, abends gibt es auch Pizza.

⑤ L'Osteria di Santa Marina
Karte Q2 ■ Campo Santa Marina, Castello 5911 ■ +39 041 528 5239 ■ Mo mittags & So geschl. ■ €€€

Genießen Sie kreative Variationen der italienischen Küche bei Kerzenschein – im Sommer auch draußen *(siehe S. 69)*.

⑥ Alla Rivetta
Karte E4 ■ Ponte San Provolo, Castello 4625 ■ +39 041 528 7302 ■ Mo geschl. ■ €€

Hier lässt man sich Seafood und regionale Speisen schmecken.

⑦ Enoteca Mascareta
Karte E3 ■ Calle Lunga Santa Maria Formosa, Castello 5183 ■ +39 041 523 0744 ■ So & Mo geschl. ■ €

Freunde guten Weins lieben die gehobene Bar, in der man auch gute Antipasti und Hauptspeisen serviert.

Enoteca Mascareta

⑧ Osteria alle Testiere
Karte R3 ■ Calle del Mondo Nuovo, Castello 5801 ■ +39 041 522 7220 ■ Mo geschl. ■ €€€

Das reizende kleine Lokal hat eine interessante Auswahl an Fisch, Käse und Wein zu bieten.

⑨ Nevodi PizzaLab
Karte G4 ■ Via Guiseppe Garibaldi, Castello 1341 ■ +39 041 523 8173 ■ €

Neben Pizza bietet das Take-away auch *mozzarella in carrozza* (warme Käsesandwiches) und *parmigiana di melanzane* (Auberginenauflauf).

⑩ Al Covo
Karte F4 ■ Campiello de la Pescaria, Castello 3968 ■ +39 041 522 3812 ■ Di & Mi geschl. ■ €€€

Das Restaurant ist der rechte Ort, um bei Kerzenschein exquisiten Fisch zu genießen.

Siehe Karte S. 108f

TOP10 Nördliche Lagune

Die nördliche Lagune ist voll verlassener Inseln, auf denen weitläufige Klosteranlagen dem Verfall preisgegeben sind. Auf Torcello siedelten erstmals Festlandbewohner, die vor den Hunnen geflohen waren. Mit dem Zustrom religiöser Orden gewann die Insel rasch an Bedeutung. Heute sind nur noch ein paar Inseln bewohnt. Wichtig ist hier vor allem die Glasbläserinsel Murano, während auf Burano, Mazzorbo, Sant'Erasmo und Torcello nur noch wenige Fischer und Gärtner leben.

Glasvögel auf Murano

Murano

Canale degli
Venier
Serenella
Da Mula
Museo
CAMPO SAN DONATO
Murano
Navagero
FONDAMENTA VETRAI
CALLE BRESSAGIO
Faro
Colonna

0 Meter 400

Torcello
Torcello

Mazzorbo
Mazzorbo
Burano
Burano

Punta Vela

Laguna Veneta

Murano
Siehe kleine Karte

Chiesa

Lazzareto Nuovo
Capannone
Sant'Erasmo

Cimitero
San Michele

Punta Sabbioni

Fondamente Nove

Vignole

VENEZIA (VENEDIG)

Vignole
San Pietro
La Certosa
Certosa

Lido

Top-10-Attraktionen
siehe S. 117–119

Restaurants & Cafés
siehe S. 121

Besondere Läden
siehe S. 120

Vorhergehende Doppelseite Cappella degli Scrovegni, Padua

1 Torcello
Siehe S. 36f.

2 Burano
Karte H1 ■ **Vaporetto-Linie 12 von Fondamente Nove oder San Zaccaria**

Wegen der bunten Häuser und der Spitzenklöppelei ist Burano auch bei Künstlern beliebt. Man erzählt sich hier die Sage von einem treuen Seemann, der dem Ruf der Sirenen widerstand, wofür er mit einem prächtigen Schleier aus Meerschaum für seine Braut belohnt wurde, welcher sich dann in Spitze verwandelte. Das Handwerk brachte dem Fischervolk Ruhm und Wohlstand. Noch immer sieht man über Handarbeiten gebeugte Frauen, doch heute sind die meisten Artikel importiert. Buranos schiefer Glockenturm ist weithin sichtbar.

3 Murano
Karte G2 ■ **Vaporetto-Linien 4.1 & 4.2 von Fondamente Nove oder San Zaccaria, Linie 3 von Piazzale Roma bzw. saisonale Linien**

Die Kunst der Glasbläserei erlebte auf Murano um 1500 ihre Blütezeit. Die Geheimnisse des Handwerks wurden so gut gehütet, dass begabten Handwerkern, die auswandern wollten, die Todesstrafe drohte. Obwohl Venedigs Glasmonopol nur bis zum 17. Jahrhundert währte, dauert der Ruhm bis heute an. Das Museo del Vetro *(siehe S. 56)* präsentiert gut 4000 Exponate. Sehen Sie über die Aufdringlichkeit hinweg, mit der Besucher in die Werkstätten gelockt werden – es ist eine gute Gelegenheit, den Glasbläsern bei der Arbeit zuzusehen. Aber: Wer eine Gratis-Bootsfahrt von San Marco zu einer Glasbläserei annimmt und dort nichts kauft, muss auf eigene Kosten mit dem *vaporetto* zurückfahren.

4 Mazzorbo
Karte H1 ■ **Vaporetto-Linie 12 von Fondamente Nove**

Die hübsche Insel, auf der Einheimische ihre Weingärten und Artischockenfelder pflegen, ist eine Oase der Ruhe. Über dem Wasser hängen Korbkäfige für die Strandkrabbenzucht *(moleche)* – die Ergebnisse kann man in preiswerten Trattorias genießen. Zwischen den verstreut liegenden Häusern stehen moderne kommunale Bauten in Pastelltönen. Mazzorbo ist über eine Brücke mit Burano verbunden, hat aber auch eine eigene Bootsanlegestelle.

Friedliches Mazzorbo

5 San Francesco del Deserto
Karte H1 ■ **Wassertaxi ab Burano** ■ **Kloster: Di – So 9 – 11 & 15 – 17 Uhr; Spende erbeten; www.sanfrancesco deldeserto.it**

Die Insel fällt schon von Weitem ins Auge, weil sie voller Zypressen ist. Sie beheimatet ein Franziskanerkloster, das laut Legende der heilige Franziskus persönlich gründete, als er 1220 von seinen Missionen in Ägypten und Palästina zurückgekehrt war. Zur Freude der Venezianer nehmen die Mönche in ihren braunen Kutten und Sandalen jeden Mai mit einem schweren Boot an der Regatta Vogalonga *(siehe S. 77)* teil.

San Francesco del Deserto

Friedhof San Michele

⑥ San Michele

Karte G2 ■ Vaporetto-Linien 4.1 & 4.2 von Fondamente Nove oder San Zaccaria ■ Friedhof: tägl. 7.30–16.30 Uhr (Apr – Sep bis 18 Uhr)

Als Napoléon 1826 ein Gesetz erließ, nach dem die Toten in größerer Entfernung von den Wohnhäusern der Stadt zu begraben seien, wurde die Insel San Michele zu Venedigs Friedhof. Man betritt die Anlage durch ein gotisches Portal, das den heiligen Michael im Kampf mit dem Drachen zeigt, oder über den Kreuzgang der Mönche. Werfen Sie auch einen Blick in die hübsche Kirche mit der Marmorfassade, die Mauro Codussi (siehe S. 55) 1469 gestaltete. Jährlich an Allerheiligen (1. Nov) ist San Mi-

---

Flora und Fauna der Lagune

In der Lagune wimmelt es nur so von Brassen, Venusmuscheln, Tintenfischen und Krabben, die eine willkommene Beute für Wasservögel wie Schwäne, Silberreiher und Kormorane sind. Im salzigen Sumpfland gedeihen diverse Queller-Arten, auf den Inseln blüht der Strandflieder, während am bröckelnden Mauerwerk Seefenchel sprießt.

---

chele voller Menschen, die die Gräber ihrer Familien besuchen. Aus Platzmangel werden die Gebeine nach zehn Jahren ausgegraben und in einer Urne beigesetzt – »in Frieden ruhen« durften bisher nur Berühmtheiten wie Ezra Pound, Igor Strawinsky oder Serge Diaghilew.

⑦ Sant'Erasmo

Karte H2 ■ Vaporetto-Linie 13 von Fondamente Nove

Schon die Römer schätzten diese beschauliche, rund vier Kilometer lange und einen Kilometer breite Insel und bauten hier luxuriöse Villen. Auch wenn heute mitunter alte Autos über die Straßen rumpeln, sind Fahrräder und Boote nach wie vor die Hauptverkehrsmittel. Haupteinnahmequelle ist der Anbau von Spargel und von Artischocken, die auf dem sandigen Boden bestens gedeihen und an vielen Ständen des Rialtomarkts (siehe S. 34f) zu haben sind. Es gibt hier auch einen schmalen Sandstrand.

Spargel und Artischocken, Sant'Erasmo

⑧ Lazzaretto Nuovo

Karte H2 ■ Vaporetto-Linie 13 von Fondamente Nove ■ Touren nach Anmeldung (+39 041 244 4011) ■ www.lazzarettonuovo.com

Bis zum 18. Jahrhundert wurden auf der Insel in die Lagune einfahrende Handelsschiffe, die unter dem Verdacht standen, Seuchen an Bord zu haben, in Quarantäne genommen. Während der Pest von 1576 waren hier und im nahen Sant'Erasmo bis zu 10 000 Menschen untergebracht. Schiffsladungen wurden mit Rosmarin und Wacholder ausgeräuchert. Später war die Insel Militärstützpunkt, heute trifft man hier vorwiegend auf Hobbyarchäologen, die die Geheimnisse der Insel erforschen wollen, und auf Studenten, die Sommercamps besuchen.

⑨ La Certosa
Karte H2

Die Insel der Kartäuser, mehr als 600 Jahre von religiösen Gemeinschaften bewohnt, teilte während der Besatzung durch französische, österreichische und italienische Streitkräfte das Schicksal vieler Nachbarinseln. Seit einiger Zeit wird sie im Auftrag der Stadtverwaltung nach und nach zu einem öffentlichen Park umgestaltet. Saisonal fahren Alilaguna-Fähren der blauen Linie *(siehe S. 139)* La Certosa an. Von der Fähre, die zwischen Lido und Punta Sabbioni verkehrt, sind die imposanten Verteidigungswälle der Forte di Sant'Andrea aus dem 16. Jahrhundert zu erkennen – sie sollten einst feindliche Schiffe abschrecken, die ungebeten in die Lagune eingedrungen waren.

⑩ Punta Sabbioni
Karte H2 ▪ **Vaporetto-Linie 14 von Lido & San Zaccaria**

Der »sandige Ort« liegt auf einer Landzunge, die sich vom Festland aus nach Westen erstreckt und von Strandhotels und Campingplätzen geprägt ist. Punta Sabbioni entstand durch Sandanhäufungen hinter dem 1100 Meter langen Wellenbrecher, der die Uferzonen schützt. Zwischen stillen Gewässern und Kanälen bietet es einen Bus- und Fährterminal, an dem es im Sommer von Besuchern nur so wimmelt.

Punta Sabbioni

▶ Vormittags

Kaufen Sie sich ein Tagesticket für die *laguna nord* und nehmen Sie von den **Fondamente Nove** das *vaporetto* nach **Murano**, um den dortigen Glasbläsern bei der Arbeit zuzusehen. Würdigen Sie auch den **Canal Grande di Murano**, bevor Sie über die Fondamenta Manin mit ihren mittelalterlichen Säulengängen zum Anleger **Faro** schlendern, wo sich die Bar Al Faro (Fondamenta Piave 20; +39 041 739 724; So geschl.) für eine Kaffeepause anbietet.

Mit der Fähre geht es dann weiter nach **Burano**. Streifen Sie über die Insel, kosten Sie die berühmten Burano-Kekse und genießen Sie ein leckeres Mittagessen in der schönen **Trattoria da Romano** *(siehe S. 121)*.

Nachmittags

Ausgeruht und gestärkt nehmen Sie das Boot nach **Torcello**, um dort die byzantinischen Mosaiken in der Basilika zu besichtigen. Vom Glockenturm aus genießt man bei schönem Wetter einen einzigartigen Blick über die Lagune.

Ein Boot bringt Sie zurück nach **Burano** und ein weiteres von dort nach Süden, vorbei an Inseln und Brackwasser. Parallel zur Sandküste, die die Lagune von der Adria trennt, kommen Sie nach **Punta Sabbioni**, wo Sie am Pier entspannt einen Drink genießen können.

Der Tag endet mit der Fahrt über die breite Mündung der Lagune – vorbei am **Lido** *(siehe S. 123f)* und zurück zur Piazza San Marco.

Siehe Karte S. 116

Besondere Läden

① Cesare Sent
Karte G2 ▪ **Fondamenta Vetrai 8/B, Murano**

Der überaus talentierte Künstler – Spross einer alten Glasbläserfamilie – folgt mit der Herstellung seiner schönen modernen Fadenglasobjekte einer langen Tradition.

Glaskunst von Cesare Sent

② ArtStudio
Karte G2 ▪ **Fondamenta Rivalonga 48, Murano**

Sehen Sie dem Glaskünstler Davide Penso dabei zu, wie er seine wunderbaren afrikanisch inspirierten Glasperlen anfertigt.

③ Manin 56
Karte G2 ▪ **Fondamenta Manin 56, Murano**

Das reizvolle Sortiment des Ladens umfasst neben Designerstücken aus aller Welt auch geätzte Schalen und schlanke Weingläser von Salviati.

④ Nason & Moretti
Karte G2 ▪ **Calle Dietro Gli Orti 12, Murano**

Die renommierten Designer sind beide auf Murano geboren. Ihre eindrucksvollen, leuchtend bunten Glaswaren füllen den Laden.

⑤ Barovier & Toso
Karte G2 ▪ **Fondamenta Vetrai 28, Murano**

Die Tradition der weltweit ältesten Glasbläserfamilie Barovier reicht bis ins 13. Jahrhundert zurück. Noch immer entstehen in ihren Händen atemberaubend schöne, zeitgemäße Stücke.

⑥ Mazzega
Karte G2 ▪ **Fondamenta da Mula 147, Murano**

Der Schwerpunkt der traditionellen bis modernen gläsernen Artikel in dem riesigen Ausstellungsraum liegt auf Lüstern und Vasen.

⑦ CAM
Karte G2 ▪ **Piazzale Colonna 1, Murano**

Der erste Laden, den man sieht, wenn man auf Murano ankommt, ist die Filiale dieses international bekannten Glasherstellers.

⑧ Pastificio e Panificio Giorgio Garbo
Karte H1 ▪ **Via San Mauro 336, Burano**

Probieren Sie unbedingt *bussolai*, Buranos Markenzeichen. Das frische, nach Vanille duftende Gebäck ist traditionell ring- oder s-förmig.

⑨ Emilia Burano
Karte H1 ▪ **Via Galuppi 205, Burano**

Hier gibt es hübsche Stücke aus Spitze und eine hauseigene Leinenkollektion für Tisch, Bett und Bad.

⑩ Lidia Merletti d'Arte
Karte H1 ▪ **Via Galuppi 215, Burano**

Mit Spitzen verzierte Tischwäsche, Deckchen und Kleidungsstücke teilen sich den Laden mit einer kleinen Ausstellung, die alten Altarschmuck, einen Spitzenfächer von Ludwig XIV. und ein kostbares Brautkleid aus dem 18. Jahrhundert präsentiert.

Lidia Merletti d'Arte

Restaurants & Cafés

Preiskategorien

Preis für ein Drei-Gänge-Menü pro Person
mit einer halben Flasche Wein inkl. Steuern
und Service.

€ unter 40 €   €€ 40 – 60 €   €€€ über 60 €

**1 Trattoria
Busa alla Torre**
Karte G2 ■ Campo Santo Stefano 3,
Murano ■ +39 041 739 662 ■ €
Mittags kann man sich hier köstliche
moleche (Krabben), Fischravioli und
Nugatgebäck schmecken lassen –
im gemütlichen Gastraum oder im
Freien.

2 Panificio Marcato
Karte G2 ■ Fondamenta Riva-
longa 16, Murano ■ +39 041 739 176
■ So geschl. ■ €
Die Bäckerei versorgt Hungrige mit
großen Pizzastücken, traditionellen
Keksen namens *zaletti* oder tollem
Biskuitkuchen mit Schokolade.

3 La Perla Ai Bisatei
Karte G2 ■ Campo San Bernar-
do 6, Murano ■ +39 041 739 528 ■ So
geschl. ■ keine Kreditkarten ■ €
Die *osteria* serviert mittags einfache,
aber sehr gute Hausmannskost zu
vernünftigen Preisen. Probieren Sie
z. B. die Meeresfrüchte *fritto misto*.

4 Trattoria Valmarana
Karte G2 ■ Fondamenta Navagero 31, Murano ■ +39 041 739 313 ■ €
In dem stilvollen Restaurant mit Terrasse am Wasser werden tagsüber
Köstlichkeiten wie *rombo al forno con
patate e olive* (Flunder mit Kartoffeln
und Oliven) serviert.

5 Trattoria da Romano
Karte H1 ■ Via San Martino Des-
tra 221, Burano ■ +39 041 730 030 ■ So
abends & Di geschl. ■ €€€
Spezialität der familiengeführten
Trattoria ist *risotto di gò*, das mit
einem kleinen Lagunenfisch zubereitet wird. Auch Berühmtheiten wie
Robert De Niro essen hier gern.

6 Riva Rosa
Karte H1 ■ Via San Mauro 296,
Burano ■ +39 041 730 850 ■ Mi geschl.
■ €€€
Wer hier zu Mittag essen will, sollte
reservieren. Als Aperitif empfiehlt
sich Rossini mit frischen Erdbeeren.

Trattoria Alla Maddalena

**7 Trattoria
Alla Maddalena**
Karte H1 ■ Fondamenta Santa Cate-
rina 7/B, Mazzorbo ■ +39 041 730 151
■ Mi abends & Do geschl. ■ €
In dem für Frühlingsartischocken
und Ente berühmten Lokal ist Re-
servieren empfohlen.

8 Trattoria al Gatto Nero
Karte H1 ■ Via Giudecca 88,
Burano ■ +39 041 730 120 ■ Mo, Mi
abends & So abends geschl. ■ €€
Genießen Sie tollen Fisch und hausgemachte Pasta im Freien – umgeben von Buranos bunten Häusern.

9 Locanda Cipriani
Karte H1 ■ Piazza Santa Fos-
ca 29, Torcello ■ +39 041 730 150 ■ Di
geschl. ■ €€€
Spezialität des historischen Gast-
hauses *(siehe S. 37 & S. 148)* ist *filetto
di San Pietro Carlina* (Petersfisch).

10 Venissa
Karte H1 ■ Fondamenta Santa
Caterina 3, Mazzorbo ■ +39 041 527
2281 ■ Restaurant: Di & Nov – März
geschl.; Osteria: Mi geschl. (Nov – März
auch Di) ■ €€€
Ein edles Restaurant wie auch eine
Osteria bieten in diesem Gasthaus
hervorragende regionale Küche.

Siehe Karte S. 116

🔟 Südliche Lagune & Lido

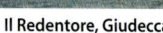

Die südliche Lagune ist von der offenen See durch Wander-
dünen abgeschirmt, die von Mensch und Natur
in einen festen Küstenstreifen – den Lido –
verwandelt wurden. Schon im 6. Jahrhundert errichtete man Wälle aus Weidenge-
flecht und Erde, die mittlerweile in feste
Dämme und – bei den Einfahrten von
San Nicolò, Alberoni und Chioggia – in
Wellenbrecher umgebaut wurden.
Am südwestlichen Ende der Lagune
finden sich Fischzuchten sowie Jagd-
und Fischfangreviere, die nicht zu dem
vom World Wildlife Fund geschützten

Il Redentore, Giudecca

Reservat Valle Averto gehören. Nahe an der Stadt liegen
größere Inseln wie San Giorgio Maggiore und Giudecca,
dazwischen gibt es winzige Stückchen Land wie Lazzaretto
Vecchio, auf dem einst Pestkranke in Quarantäne lebten
und das dann streunende Hunde beheimatete, oder die
»Roseninsel« Sacca Sessola, wo ein ehemaliges Sanatorium zum Luxusresort umgestaltet wurde.

Venedig & Lido

San Marco
Castello
San Pietro
La Certosa
Arsenale
San Marco–
Giardinetti
Certosa
Dorsoduro
Giardini
① San Giorgio
Maggiore
⑦ ② ① ② ⑤
Sant'Elena
San Nicolò ③
Giudecca
Santa Maria
⑧ delle Grazie
San Servolo
① ④
⑥
Lido
Santa Maria ⑤ ⑥
San Servolo Elisabetta
① ③
① ⑦
Laguna   Veneta
San Lazzaro ④
degli Armeni ⑦
San Lazzaro
Lido
① **Top-10-Attraktionen**
siehe S. 123–125
Lazzaretto
Vecchio ②
① **Restaurants & Cafés**
siehe S. 127
① **Läden & Märkte**
siehe S. 126
0 Meter   1000

Kirche San Giorgio Maggiore

(1) San Giorgio Maggiore

**Karte F5/F6 ▪ Vaporetto-Linie 2
▪ Fondazione Giorgio Cini: Führungen
Do – Di 10 – 19 Uhr nach Anmeldung
(info@visitcini.com); Eintritt; www.
visitcini.com**

Die Insel gehört zum *sestiere* San
Marco und ist durch das Bacino di
San Marco davon getrennt. Fern vom
Trubel strahlt sie stillen Frieden aus.
Wo sich früher ein Weinberg und
Salzpfannen befanden, steht heute
eine prächtige, von Andrea Palladio
erbaute Kirche *(siehe S. 48)*. Das alte
Benediktinerkloster nebenan, Sitz
der Fondazione Giorgio
Cini, kann im Rahmen
diverser Führungen be-
sichtigt werden. Das
Teatro Verde dahinter
wurde für Open-Air-
Aufführungen wieder-
belebt.

(2) Giudecca

**Karte A6 – E6
▪ Vaporetto-Linien 2, 4.1
& 4.2**

Die Insel, eine s-förmige Landzunge
gegenüber den Zattere, gehört zum
sestiere Dorsoduro. Da die Form an
ein Rückgrat erinnert, hieß sie ursprünglich *spinalonga*. Der spätere
Name stammt entweder von auf der
Insel siedelnden Juden *(giudei)* oder
von verurteilten Radikalen *(giudicati)*,
die man hierher ins Exil schickte. Ab
1529 verlebte Michelangelo hier drei
Jahre im freiwilligen Exil. Aus der
Insel wurde später ein Industriegebiet mit Werften und der Mühle Mo-
lino Stucky (nun Hotel), heute wird
es auf Giudecca vor allem zur Festa
del Redentore *(siehe S. 76)* lebhaft.

(3) Lido: San Nicolò

**Autofähre von Tronchetto
oder Bus A von Santa Maria Elisabetta
▪ Jüdischer Friedhof: Führungen
März – Okt nach Anmeldung (+39 041
715 359); www.museoebraico.it**

Die Nordspitze des Lido war Schlüs-
selstelle für die Verteidigung der
Republik und entsprechend stark
bewehrt. Um Eindringlinge abzu-
wehren, spannte man sogar Ketten
durch den Eingang der Lagune. Die
Feierlichkeiten zu La Sensa *(siehe
S. 76)* finden vor der 1044 erbauten
Kirche San Nicolò und einem alten
Benediktinerkloster statt. Sehenswert ist auch der Jü-
dische Friedhof von
1386. Bei der ca. 35-
minütigen Fahrt mit
der Autofähre von
oder nach Tronchetto
hat man herrlichen
Blick auf Venedig.

San Nicolò, Lido

üdliche Lagune

Venezia

Fusina

*Siehe
linke Karte*

Lido

*Laguna
Veneta*

(3) Lido

(5)

Alberoni

*Golfo di
Venezia*

(6) (9)

Pellestrina

(9)

(8)(9)(10)
(8)(9)(10)

(10)

0 km   3

Blütezeit des Lido

Die großartigen Art-déco-Villen sind noch Zeugen des »Goldenen Zeitalters«, das der Lido als führender Badeort Europas um die Wende vom 19. zum 20. Jahrhundert erlebte. Schöne Beispiele sind das Grand Hotel des Bains und das Excelsior. Letzteres wurde 1907 als größtes Hotel der Welt erbaut. Davor schätzte man den Lido wegen der gesunden Luft.

---

④ Lido: Strand

Vaporetto-Linien 1, 5.1, 5.2, 6 & 14 bis Santa Maria Elisabetta

Gepflegter Sandstrand, bunte Sonnenschirme und Badekabinen – so präsentiert sich der Lido, den Thomas Mann *(siehe S. 52)* mit seiner Erzählung *Der Tod in Venedig* berühmt machte. Von Juni bis September trifft man hier viele Venezianer an. Während des zehntägigen Filmfestivals *Mostra Internazionale*, Teil der Biennale *(siehe S. 76)*, ist der Lido voller Filmbegeisterter.

⑤ Lido: Malamocco

Bus B oder 11 von Santa Maria Elisabetta

Etwa in der Mitte des Lido liegt das kleine Dorf Malamocco. Man kann sich kaum vorstellen, dass es kurz nach der Römerzeit die bedeutendste Siedlung der Lagune und der Haupthafen für Padua war. Der Ort wurde im Jahr

Buch, San Lazzaro degli Armeni

1106 von einem Sturm und gewaltigen Wellen völlig zerstört und später ganz in der Nähe, aber etwas kleiner wiederaufgebaut. Heute präsentiert er Gebäude aus dem 15. Jahrhundert und lockt mit reizvoller Natur und netten Trattorias Besucher an.

⑥ San Servolo

Vaporetto-Linie 20 von San Zaccaria ▪ Besichtigung nach Anmeldung (+39 041 524 0119) Mo – Do 9.30 – 17 Uhr, Fr 9.30 – 15.30 Uhr; Eintritt

Ab 1648 lebten auf der Insel rund 200 Nonnen, die von den Türken aus Candia auf Kreta vertrieben worden waren. Als ihre Zahl zusehends schrumpfte, wurde 1725 ein Sanatorium für psychisch Kranke aus wohlhabenden Familien errichtet. Das Gebäude beheimatet heute eine internationale Universität und birgt auch ein Museum, das über die einstige Nervenheilanstalt informiert.

Kunsthandwerk auf San Servolo

⑦ San Lazzaro degli Armeni

Vaporetto-Linie 20 von San Zaccaria ▪ Führungen nach Anmeldung (+39 041 526 0104) tägl. 15.30 Uhr; Eintritt

Venedig stiftete die einstige Leprakolonie dem armenischen Mönch Mechtar, der vom Peloponnes vertrieben worden war. Zur Pflege armenischer Kultur und Sprache gründete dieser eine religiöse Gemeinschaft, die Schriften in 36 Sprachen veröffentlichte. Die Druckerpresse aus dem 18. Jahrhundert war noch bis 1994 in Betrieb. Die Mönche erzählen Besuchern die Geschichte des Hauses und führen durch das kleine Museum und die Bibliothek, die über 100 000 Bände und kostbare illustrierte Handschriften birgt.

⑧ Santa Maria delle Grazie

Die verlassene Insel, einst Pilgerherberge, ist nach einem angeblich wundertätigen Marienbild benannt, das von Konstantinopel zurückgebracht und dem heiligen Lukas zugeschrieben wurde. Verheerende

Brände prägten die Geschichte der grünen Insel, auf der Kirchen und ein Krankenhaus stehen. Heute ist das Land im Besitz einer Investmentfirma und nicht öffentlich zugänglich.

9 Pellestrina & San Pietro in Volta
Bus 11 vom Lido oder von Chioggia

Auf der schmalen, elf Kilometer langen Insel Pellestrina, die Busse und Fähren mit dem Lido und Chioggia verbinden, liegen verschlafene Fischerörtchen wie das hübsche San Pietro in Volta. Pellestrina war einst für Spitzenklöppelei berühmt, heute kennt man es wegen der jährlichen Ruderregatta und der Bootswerft. Im 14. Jahrhundert zerstörten die Genueser einen Großteil der Insel, 1966 wurde sie erneut verwüstet, als große Flutwellen den Damm brachen und die Evakuierung notwendig machten. Die massiven Verteidigungswälle mit der 14 Meter breiten Basis wurden um 1700 errichtet und immer wieder verstärkt.

10 Chioggia
Bus vom Piazzale Roma oder Linie 11 vom Lido

In dem lebhaften Hafenstädtchen überspannen elegante Brücken die befahrbaren Kanäle. Man spricht hier einen markanten melodischen Dialekt. Chioggia hat eine reiche Geschichte und war 1378–81 Schauplatz diverser Schlachten gegen die Genueser *(siehe S. 44)*. Es heißt, die Feinde waren nahe daran, Venedig zu erobern, doch die Einheimischen lockten sie mit flachen Booten in die Lagune und erlangten die Oberhand.

Vorbereiten der Netze in Chioggia

Tagestour

▶ Vormittags

Vom Vaporetto-Anleger Santa Maria Elisabetta können Sie entweder ein Mietfahrrad oder den Bus B nehmen, um südwestlich entlang dem Saum der Lagune nach **Malamocco** zu gelangen. Spazieren Sie durch das friedliche Dorf und über die Brücke zum Meer, wo sich ein toller Blick auf die Adria und den eindrucksvollen Damm bietet. Mit dem Bus geht es weiter durch **Alberoni**, vorbei am Golfplatz und zur Autofähre, die über den Laguneneingang kreuzt.

Steigen Sie bei der zweiten Station aus, um sich das malerische **San Pietro in Volta** anzusehen. Essen Sie in einer der Trattorias zu Mittag oder genießen Sie ein schnelles Sandwich in einer der Bars am Ufer.

Nachmittags

Mit dem Bus geht es weiter nach Süden zum Hauptort der Insel **Pellestrina**. Das bunte Fischerdorf wird von einer Schiffswerft flankiert. Eine etwa 30-minütige Bootsfahrt, vorbei an Muschelbänken und Fischerhütten, bringt Sie nach **Chioggia**, einer netten Hafenstadt mit rund 50 000 Einwohnern. Vom Landungssteg Ca' Roman hat man Zugang zu einem Strand. Chioggias autofreie Piazza im Zentrum säumen Palazzi und Fischrestaurants.

Für einen entspannten Ausklang der Tour gönnen Sie sich vor der Rückfahrt einen Aperitif und ein paar *cicchetti* in einer der vielen Bars, die sich am eleganten Corso del Popolo reihen.

Siehe Karte S. 122f

Läden & Märkte

Delikatessen bei Rizzo

① Rizzo
Gran Viale Santa Maria Elisabetta 16/20, Lido
Die Auswahl an Delikatessen aus ganz Italien erscheint wahrlich unschlagbar: Parmaschinken, Büffelmozzarella, Asagio-Käse, Oliven und vieles mehr. An der Brottheke gibt es *focaccia* und Pizza.

② Lido-Markt
Via Falier, Lido ▪ **Di vormittags**
Aus offenen Lieferwagen werden Lebensmittel, aber auch preiswerte Mode, Schuhe und Taschen verkauft. Selbst wenn Sie nichts kaufen, lohnt sich ein Bummel wegen der schönen Lage an der Lagune.

③ Erbalido
Via Negroponte 4/C, Lido ▪ **So geschl.**
Der fachkundige Inhaber des netten Kräuterladens kennt die richtigen Naturheilmittel gegen kleinere Beschwerden.

④ Arbor
Gran Viale Santa Maria Elisabetta 10, Lido
Die hochwertige Mode für Männer und Frauen zieht ausländische und italienische Kunden an.

⑤ Lido on Bike
Gran Viale Santa Maria Elisabetta 21/B, Lido ▪ **Okt – Feb geschl.**
Neben normalen Zweirädern vermietet der Fahrradladen auch vierrädrige Modelle, die bei Urlauberfamilien sehr beliebt sind.

⑥ OVS & Conad
Gran Viale Santa Maria Elisabetta 39, Lido
Das Kaufhaus mit preiswerter Alltagsmode birgt unter seinem Dach eine Filiale der Supermarktkette Conad, wo man alles für ein gepflegtes Picknick bekommt.

⑦ Benetton
Gran Viale Santa Maria Elisabetta 47/A, Lido
Der kleine Laden der bekannten Marke verfügt über eine besonders gute Auswahl an Wäsche und Badebekleidung.

⑧ La Pipa Chioggiotta – El Penelo
Borgo San Giovanni 577, Chioggia ▪ **Di & So geschl.**
Giorgio Boscolo ist ein Experte für traditionelle Fischertonpfeifen und der einzige Handwerker, der sie noch selbst töpfert und glasiert.

⑨ Venturini Souvenirs
Corso del Popolo 1349, Chioggia
Stören Sie sich nicht am Tand des Geschenkeladens, sondern richten Sie Ihr Augenmerk auf die Modelle der *bragazzi* (siehe S. 26) – handgefertigt und farbenfroh bemalt.

Modell bei Venturini Souvenirs

⑩ Panificio Sergio
Stradale Ponte Caneva 626, Chioggia
Traditionell wurden die hier erhältlichen Kekse für Seeleute gebacken. *Pevarini* sind würzige Kringel mit Melasse und Anis, *dolce del doge* sind mit Schoko-Haselnuss-Glasur überzogen.

Restaurants & Cafés

Preiskategorien

Preis für ein Drei-Gänge-Menü pro Person mit einer halben Flasche Wein inkl. Steuern und Service.

€ unter 40 €   €€ 40–60 €   €€€ über 60 €

1 Trattoria Altanella
Karte E6 ▪ Calle delle Erbe, Giudecca 268 ▪ +39 041 522 7780 ▪ Mo & Di sowie Dez & Jan geschl. ▪ €€€
Gönnen Sie sich ein romantisches Candle-Light-Dinner auf der schönen Terrasse des auf Fischgerichte spezialisierten Restaurants.

2 Ai Cacciatori
Karte D6 ▪ Fondamenta Ponte Piccolo, Giudecca 320 ▪ +39 041 528 5849 ▪ Mo abends & Mitte Dez – Mitte Jan geschl. ▪ €€€
Venezianische Gerichte wie *gnocchi con nero di seppia* (mit Sepiatinte) schmecken direkt am Wasser mit schönem Ausblick noch mal so gut.

3 Trattoria da Scarso
Piazzale Malamocco 5, Lido ▪ +39 041 770 834 ▪ Mo abends & Di sowie Jan & Nov geschl. ▪ €
Das einladende Familienrestaurant bietet gegrillten Fisch und diverse Salate, dazu einen hübschen Garten mit Fischernetzen.

4 La Favorita
Via Francesco Duodo 33, Lido ▪ +39 041 526 1626 ▪ Mo geschl. ▪ €€
Einheimische schätzen das exzellente Fischrestaurant in Familienbesitz ebenso wie Urlauber. *Crudo di pesce* und *frittura mista* sind besonders zu empfehlen.

5 Hotel Cipriani
Karte E6 ▪ Giudecca 10 ▪ +39 041 240 801 ▪ Nov – März geschl. ▪ €€€
Gönnen Sie sich ein perfekt präsentiertes Dinner im Sternerestaurant Oro, ein entspanntes Essen im schicken Cip's Club oder bodenständige Kost in der authentischen Trattoria Giudecca 10 *(siehe S. 68)*.

6 Ristorante da Memo
San Pietro in Volta 157, Pellestrina ▪ +39 041 527 9125 ▪ Di & Mitte Nov – Mitte März geschl. ▪ €€
Aal, Shrimps oder Seezunge werden in dem einfachen Lokal an Tischen im Freien serviert.

Harry's Dolci mit feinster Aussicht

7 Harry's Dolci
Karte C6 ▪ Fondamenta San Biagio, Giudecca 773 ▪ +39 041 522 4844 ▪ Mo & Nov – Ostern geschl. ▪ €€€
Die »süße Schwester« von Harry's Bar *(siehe S. 25)* verwöhnt Gäste mit Sorbets und Gebäck sowie mit dem Blick auf den Canale della Giudecca.

8 Ristorante La Sgura
Fondamenta Marangoni 1295, Chioggia ▪ +39 041 403 232 ▪ Mo & Jan geschl. ▪ €€
Das Lokal an einem stillen Kanal serviert Fisch und Fleisch – kosten Sie die *zuppa di pesce* (Fischsuppe).

9 Ristorante El Gato
Corso del Popolo 653, Chioggia ▪ +39 041 400 265 ▪ Mo & Ende Feb geschl. ▪ €€
Frittura (gebratener Fisch) und sautierte Muscheln locken Fischfans in das renommierte Restaurant.

10 Trattoria La Nassa
Karte F1 ▪ Calle Ponte Caneva 625, Chioggia ▪ +39 041 400 861 ▪ Mi geschl. ▪ €
Die Speisekarte des familiengeführten Restaurants lässt die Herzen von Fischliebhabern höherschlagen.

Siehe Karte S. 122f

TOP 10 Padua, Vicenza & Verona

In den fruchtbaren Ebenen des Veneto gibt es viele Städte mit reicher Kunsttradition – Padua, Vicenza und Verona sind hervorragende Beispiele. Man findet hier Relikte aus der Zeit der Römer und der Venezianischen Republik, Verona und Vicenza zählen sogar zum UNESCO-Welterbe. Auch inmitten der Weingärten, deren Trauben zu Prosecco und Bardolino verarbeitet werden, stehen prunkvolle Villen mit kunstvoll angelegten Gärten. Alle drei Städte sind von Venedig aus gut zu erreichen, jede hat ihren eigenen Charakter: Padua ist ein Geschäftszentrum mit bedeutender künstlerischer Vergangenheit, Vicenza ist berühmt für die Baukunst eines Andrea Palladio, Verona liegt reizvoll in einer Schlaufe der Etsch (Adige) und ist stolz auf die romantische Verknüpfung mit Shakespeares *Romeo und Julia*.

Piazza dei Signori

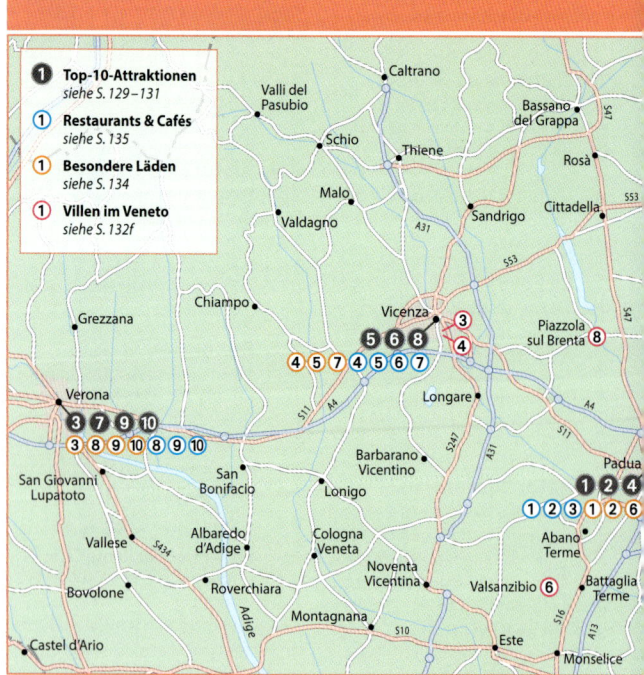

Fresko von Giotto di Bondone, **Cappella degli Scrovegni**

① Cappella degli Scrovegni

Piazza Eremitani, Padua ▪ Bus 3, 10 & 12 ▪ +39 049 201 0020 ▪ Besichtigung tägl. 9–19 Uhr nach Anmeldung (spätestens am Vortag) ▪ Eintritt ▪ www. cappelladegliscrovegni.it

Das himmelblaue, mit goldenen Sternen verzierte Gewölbe von Paduas prachtvoller Kapelle schwebt geradezu über Giotto di Bondones leuchtenden Fresken, die aus dem Leben von Jesus und Maria erzählen. Der Florentiner Künstler (1266–1337) arbeitete 1305/06 auf Geheiß von Enrico Scrovegni an der Ausgestaltung der Kapelle, um für die Sünden seines verstorbenen Vaters, eines Geldverleihers, zu sühnen. Besondere Beachtung unter den 38 Szenen verdient das *Jüngste Gericht* an der Eingangswand, das Scharen behelmter Engel mit Heiligenschein zeigt. Vor Beginn der 15-minütigen Besichtigung müssen Besucher 15 Minuten im »Akklimatisationsraum« verbringen.

② Palazzo Bo

Via VIII Febbraio 2, Padua ▪ Bus 3 & 12 ▪ +39 049 827 3939 ▪ Führungen (ital. & engl.) tägl. nach Anmeldung ▪ Eintritt ▪ www.unipd.it/visitebo

Bei der Führung durch die Universität Padua und den Palazzo Bo sieht man die Kanzel, von der Galileo Galilei 1592–1610 Vorlesungen hielt. Die 1222 gegründete Hochschule ist nach Bologna Italiens zweitälteste. Sie birgt das weltweit älteste Teatro Anatomico (1594), in dem Obduktionen geheim durchgeführt wurden, weil die Kirche derlei Praktiken verbot. Weitere Gelehrte der Universität waren der Astronom Kopernikus (1473–1543) und Elena Lucrezia Cornaro Piscopia *(siehe S. 50)*, die erste Akademikerin der Welt.

Teatro Anatomico, Palazzo Bo

Romeo und Julia

Die beiden Familien Capulet und Montague gab es tatsächlich, und wahrscheinlich waren sie netter, als Shakespeare sie in seiner Tragödie von 1594/95 darstellte. Die berühmtesten Liebenden der Welt stammten vermutlich aus Vicenza, der Heimatstadt von Luigi da Porto – er war der Verfasser der Originalerzählung aus dem Jahr 1530.

③ Casa di Giulietta
Via Cappello 23, Verona ■ +39 045 803 4303 ■ Di – So 9 – 19 Uhr ■ Eintritt ■ www.casadigiulietta. comune.verona.it

Besucherscharen strömen zu »Julias Haus«, dem angeblichen Wohnsitz von Shakespeares Heldin aus dem 13. Jahrhundert. Unter dem Balkon (erst 1928 angebaut) können romantische Gemüter die berühmteste Szene des Dramas nachempfinden.

④ Basilica del Santo
Piazza del Santo, Padua ■ Bus 3, 18 ■ tägl. 6.15 – 19.30 Uhr ■ www.basilicadelsanto.org

»Il Santo«, Paduas Pilgerstätte, wurde im 13. Jahrhundert erbaut, um die sterblichen Überreste des heiligen Antonius, eines als wundertätig geltenden Franziskanermönchs aus Portugal, aufzunehmen. Seitdem besuchen Gläubige sein Grab. Ein Reliquienschrein in der Schatzkammer soll die Zunge des Heiligen bergen. Mit Loggien, Minaretten und Kuppeln vereint die Basilika romanische, gotische, islamische und byzantinische Architekturelemente. Das Innere zieren Werke großer Künstler wie Sansovino, Tiepolo und Tizian *(siehe S. 54f)*.

⑤ Piazza dei Signori
Vicenza ■ Basilica Palladiana: nur bei Ausstellungen geöffnet; Eintritt

Die Cafés auf Vicenzas Hauptplatz sind einladend, doch erst verdienen Andrea Palladios Bauten Beachtung. Das Werk des großen Baumeisters *(siehe S. 55)* prägte nicht nur seine

Julia Capulet

Heimatstadt, sondern die Weltarchitektur. Die Basilica Palladiana zieren zwei Ebenen von auf Doppelsäulen ruhenden Arkaden, gegenüber steht die Loggia del Capitaniato. Ein Denkmal am westlichen Ende der Basilika ehrt den Sohn der Stadt.

⑥ Palazzo Leoni Montanari
Contra' Santa Corona 25, Vicenza ■ Di – So 10 – 18 Uhr ■ Eintritt ■ www.gallerieditalia.com

Sich windende Schlangen zieren das Portal des opulenten Barockpalazzo in Vicenza, die Loggia zeigt Herakles, wie er die Hydra köpft. Zu den Schätzen im Innern zählen 120 herausragende russische Ikonen und 14 faszinierende Gemälde von Pietro Longhi mit Szenen aus dem Leben im Venedig des 18. Jahrhunderts.

⑦ Arena di Verona
Piazza Brà, Verona ■ +39 045 800 3204 (Operntickets unter +39 045 800 5151) ■ Mo 13.30 – 19.30 Uhr, Di – So 8.30 – 19.30 Uhr (außer an Vorstellungstagen) ■ Eintritt ■ www.arena.it

Das kolossale römische Amphitheater aus dem 1. Jahrhundert n. Chr. ist beinahe 140 Meter lang. 44 Sitzreihen bieten hier Platz für 22 000 Besucher. In der Arena, die einst von den Schreien kämpfender Gladiatoren widerhallte, erklingen nun während der Sommerfestspiele von Juni bis August die schönsten Opernarien. Die Festspiele begannen 1913 mit einer Inszenierung von Verdis *Aida* – so wie heute noch.

Besucher vor der Arena di Verona

(8) Teatro Olimpico

Piazza Matteotti 11, Vicenza
■ Sep – Juni: Di – So 9 – 17 Uhr; Juli &
Aug: Di – So 10 – 18 Uhr ■ Eintritt
■ www.teatrolimpicovicenza.it

Palladio entwarf Vicenzas Theater,
vollendet wurde es von Vincenzo
Scamozzi. Der Zuschauerraum entstand nach dem Vorbild römischer
Amphitheater, die Bühne ist ein
Nachbau der Stadt Theben und entstand 1585 für die Aufführung von
Sophokles' *König Ödipus*. Die Statuen
in verschiedenen Größen sorgen für
raffinierte perspektivische Effekte.

Veronas Piazza delle Erbe

(9) Piazza delle Erbe

Verona ■ Torre dei Lamberti:
+39 045 927 3027; Mo – Fr 10 – 18 Uhr;
Eintritt; www.torredeilamberti.it

Der malerische Platz, einst römi-
sches Forum, ist nach wie vor ein
Ort für geschäftliche Besprechun-
gen beim Kaffee. Sonnenschirme
beschatten einen lebhaften Markt,
überwacht von einem geflügelten
Löwen auf einer Säule. Die 84 Meter
hohe Torre dei Lamberti, zwischen
1172 und 1464 erbaut und mit Lift
ausgestattet, bietet tollen Ausblick.

(10) Museo di Storia Naturale

Lungadige Porta Vittoria 9, Verona
■ +39 045 807 9400 ■ Di – So 9 – 18 Uhr
■ Eintritt ■ www.museodistoria
naturale.comune.verona.it

Gigantische Farne, sonderbare Fi-
sche und andere Fossilien aus dem
Eozän (vor 56 bis 34 Millionen Jahren) sind in Veronas Naturhistori-
schem Museum zu bestaunen. Die
Schätze stammen vom nahen Monte
Bolca und zeugen von der Zeit, als
es die Alpen noch nicht gab.

Spaziergang durch Verona

▶ Vormittags

Beginnen Sie Ihre Tour in der
Arena di Verona, in der einstmals
Gladiatoren mit wilden Tieren
kämpften, danach können Sie im
Caffè Liston 12 (Piazza Brà 12;
+39 045 803 1168) bei Croissant
und Kaffee in der Sonne sitzen.

Die **Via Mazzini** säumen nette
Läden. Ins rosa schimmernde
Kalksteinpflaster der autofreien
Straße sind Ammoniten eingebet-
tet. Nach einem kleinen Schau-
fensterbummel steuern Sie die
Casa di Giulietta und die **Piazza
delle Erbe** mit ihren eleganten
Palazzi an.

Mittags können Sie sich im wunderbaren **Ristorante Greppia**
(siehe S. 135) z. B. mit *bollito misto*
(Fleischtopf mit scharfer Sauce)
stärken.

Nachmittags

Überqueren Sie die Etsch am
alten **Ponte di Pietra** und gehen
Sie zum **Teatro Romano** an der
Rigaste Redentore, dann folgen
Sie dem Fluss zurück und in
westlicher Richtung zum mittelalterlichen **Ponte Scaligero**, der
zur angrenzenden Burg der Sca-
liger, dem Castelvecchio, gehört.
Die dreibogige Brücke wurde im
Zweiten Weltkrieg von der deutschen Armee gesprengt und
musste von der Stadt Stein für
Stein wiederaufgebaut werden.

Bis Sie am **Castelvecchio** ange-
kommen sind, ist es sicher schon
Zeit für einen Aperitif – wie wäre
es also mit einem kühlen Glas
Soave in einer der einladenden
Bars rundum?

Siehe Karte S. 128f

TOP 10 Villen im Veneto

① Villa di Maser

Via Cornuda 7, Maser (Bus von Treviso) ■ +39 0423 923 004 ■ Apr–Okt: Di–So 10–18 Uhr; Nov–Anfang Dez & Mitte Feb–März: Sa & So 11–17 Uhr; ■ Eintritt ■ www.villadimaser.it

Statue, Villa di Maser

Andrea Palladio *(siehe S. 55)* errichtete die auch unter dem Namen Barbaro bekannte Villa nahe dem Ort Asolo 1554–58. Sie gilt als die besterhaltene des Baumeisters und zählt zum UNESCO-Welterbe. Das Landhaus zeigt römisch inspirierte Elemente – von Grotte und Nymphäum bis zu dem runden Tempel, der ans Pantheon erinnert. Trompe-l'Œil-Fresken von Veronese *(siehe S. 54)* und schöner Stuck zieren die sechs Haupträume, klassische Skulpturen den Garten. Im Gewölbekeller eines Bauernhauses reifen edle Weine, die man auch verkosten kann.

einen von Tiepolo ausgeschmückten Ballsaal. Über den gewaltigen Säulen der Fassade säumen Statuen das Dach. Sie überblicken die Innenhöfe und einen Park, den der Adel gern zum Flanieren nutzte. Das kreisförmige Labyrinth wurde 1721 angelegt. In der Villa waren schon Napoléon, diverse Vertreter russischer, österreichischer und schwedischer Königshäuser, Hitler und Mussolini zu Gast.

③ Villa Valmarana ai Nani

Via dei Nani 8, Vicenza ■ +39 0444 321 803 ■ tägl. 10–16 Uhr (März–Okt bis 18 Uhr) ■ Eintritt ■ www.villavalmarana.com

Die für die Zwergenstatuen auf der Gartenmauer bekannten Zwillingsgebäude stehen auf einem Bergkamm mit Blick auf den Monte Berico und die dortige Wallfahrtskirche. Graf Valmarana hatte im Jahr 1757 die Tiepolos eingeladen – den Vater, um das Hauptgebäude auszuschmücken, und den Sohn, um die Gästezimmer der Foresteria zu gestalten.

④ Villa »La Rotonda«

Via Rotonda 45, Vicenza ■ +39 0444 321 793 ■ Di–So 10–12 & 15–17 Uhr (Mitte März–Ende Nov bis 18 Uhr); Innenräume nur Fr–So ■ Eintritt ■ www.villalarotonda.it

Die zwischen 1567 und 1591 erbaute Villa mit den vier Portiken beeindruckt Besucher mit Proportionen in vollendeter Harmonie. Sie steht auf einem Hügel mit Blick auf Vicenza, die Wahlheimat Andrea Palladios. Joseph Losey drehte 1979 hier seinen berühmten *Don Giovanni*. Um auch das prachtvolle Interieur der Villa zu bewundern, müssen Sie den Besuch auf die entsprechenden Tage legen oder eine private Führung vereinbaren.

Museo Nazionale Villa Pisani

② Villa Pisani

Via Doge Pisani 7, Strà ■ +39 049 502 074 ■ Di & Do 14.30–20 Uhr, Mi & Fr 8.30–14 Uhr, Sa & So 8.45–14 & 14.45–20 Uhr ■ Eintritt ■ www.villapisani.beniculturali.it

Die zweistöckige Villa, nun Nationalmuseum, wurde im 18. Jahrhundert für den Dogen Alvise Pisani erbaut. Sie birgt 114 luxuriöse Räume und

⑤ Villa Foscari »La Malcontenta«

Via dei Turisti 9, Malcontenta di Mira ▪ +39 041 520 3966 ▪ Apr – Okt: Fr – So 9.30 – 12.30 & 14.30 – 17.30 Uhr ▪ Eintritt ▪ www.lamalcontenta.com

Leider liegt die schöne Villa an der Biegung des Brenta-Kanals nah an Margheras Industriegebiet. Der 1571 entworfene Bau, der an griechische Tempel erinnert, zählt zu Palladios berühmtesten. Der Name bezieht sich auf die »Unzufriedenheit« einer Foscari, die wegen Ehebruchs hierher verbannt worden war. Fresken von Zelotti zieren die Räume.

⑥ Villa Barbarigo

Via Diana 2, Valsanzibio ▪ +39 340 082 5844 ▪ Garten: Ende Feb – Anfang Dez: tägl. 10 – 13 Uhr & 14 Uhr – Sonnenuntergang (Sa & So durchgehend); Eintritt; www.valsanzibiogiardino.it

Die Hügellandschaft der Colli Euganei bildet einen schönen Rahmen für die 1669 erbaute Villa und den Barockgarten, den Luigi Bernini – Baumeister der Brunnen im Vatikan – entwarf. Die 15 Hektar große Anlage birgt ein Labyrinth, Brunnen, Fischteiche, Statuen und Hunderte alter Bäume. Die Villa ist in Privatbesitz und für Besucher nicht zugänglich.

⑦ Villa Emo

Via Stazione 5, Fanzolo di Vedelago ▪ +39 0423 476 355 ▪ Mi – Mo 10 – 18 Uhr ▪ Eintritt ▪ www.villaemo.org

Andrea Palladio erbaute diese Villa ums Jahr 1560 für die Familie Emo. Das Haupthaus flankieren anmutig

In der Villa Emo

geschwungene *barchesse* (Seitenflügel), in denen Heu und Werkzeug gelagert wurden. Die Fresken im Innern schuf der Renaissancekünstler Giovanni Battista Zelotti.

⑧ Villa Contarini

Via Luigi Camerini, Piazzola sul Brenta ▪ +39 049 559 0347 ▪ Do – Di 10 – 16 Uhr (März – Okt 9 – 19 Uhr) ▪ Eintritt ▪ www.villacontarini.eu

Die Villa aus dem 17. Jahrhundert steht an einem hufeisenförmigen, von Häusern gesäumten Platz. Das Haus, das geführt zu besichtigen ist, verfügt über eine bemerkenswerte Akustik. Musiker, die in der Sala della Musica im ersten Stock spielten, waren auch in den unteren Räumen gut zu hören. Am letzten Sonntag jedes Monats findet auf dem Gelände ein Antiquitätenmarkt statt.

⑨ Villa Cornaro

Via Roma 35, Piombino Dese ▪ +39 049 936 5017 ▪ Mai – Sep: Sa 15.30 – 18 Uhr ▪ Eintritt

Der ungewöhnlich kompakte Bau von Palladio entstand 1560 – 70. Die Fassade weist korinthische und dorische Säulen auf – Akanthusblätter und Schriftrollen zieren die Kapitelle. Die Fresken, ein Werk von Mattia Bortoloni, zeigen biblische Themen.

⑩ Villa Valmarana

Via Valmarana 11, Mira ▪ +39 041 426 6387 ▪ März – Okt: Di – So 10 – 18 Uhr; Nov – Feb: Sa & So 10 – 16.30 Uhr ▪ Eintritt ▪ www.villavalmarana.net

Von der Villa aus dem 17. Jahrhundert steht nur noch der Seitenflügel (*barchessa*), einstmals Gästehaus. Das Hauptgebäude wurde 1908 abgerissen, um die Luxussteuer zu sparen. Interessierte können ganz in der Nähe des Anwesens Schleusenanlagen des Flusses Brenta besichtigen, die schon vor Jahrhunderten gebaut wurden, um das Verschlammen der Lagune zu verhindern.

Siehe Karte S. 128f

Besondere Läden

(1) Pasticceria Gelateria Al Duomo
Via Vandelli 2, Padua ▪ Di geschl.
In der traditionellen Konditorei an der Südecke von Paduas Domplatz bekommt man die besten *fritelle* (Krapfen) der Stadt.

(2) Drogheria Ai Due Catini d'Oro
Piazza dei Frutti 46, Padua
Neben starken Pfefferminzbonbons und würzigem *mostarda* aus dem Veneto führt der nostalgische Laden auch Nützliches wie Staubwedel.

(3) Lo Scarabocchio di Cestari Arrigo
Via Ponte Pietra 25, Verona ▪ Mo geschl.
Handgemachte Mode und Accessoires sind in dieser modernen Boutique zu finden.

(4) Antica Pasticceria di Sorarù
Piazzetta Palladio 17, Vicenza
Die Konditorei bietet neben Leckereien aus Mandeln und Schokolade auch Spezialitäten wie österlichen *Colomba*-Kuchen in Taubenform.

Antica Pasticceria di Sorarù

(5) Cappelleria Palladio
Piazzetta Palladio 13, Vicenza
Das Paradies für Hutliebhaber gehört einem charmanten Paar, das sein Handwerk seit 40 Jahren mit Leidenschaft ausübt. Große Nachfrage herrscht hier vor allem dann, wenn in den Villen der Gegend *(siehe S. 132f)* Hochzeiten anstehen.

(6) La Feltrinelli
Via San Francesco 7, Padua
Stöbern Sie in den gut bestückten Regalen der Buchhandelskette in Klassikern, Kriminal- und Liebesromanen, Kinderbüchern oder Reiseliteratur in verschiedenen Sprachen.

(7) Il Ceppo
Corso Palladio 196, Vicenza
Der Feinkostladen führt ein appetitanregendes Angebot an Eingemachtem, Eingelegtem und Gerichten zum Mitnehmen. Sie können einen ganzen Picknickkorb oder auch nur ein Brötchen mit Asiago-Käse oder pikanter *sopressa* (Salami) haben.

(8) De Rossi »Il Fornaio«
Corso Porta Borsari 3, Verona ▪ Mo geschl.
In Verona liegt es nahe, dass sich unter der großen Auswahl an Feingebäck auch *Baci di Giulietta* (»Julias Küsse«), ein zartes Mandelgebäck in der Form von Lippen, finden.

(9) Mercante d'Oriente
Corso Sant'Anastasia 34, Verona
Der riesige Laden ist voll von bunten Teppichen, präkolumbischen Artefakten, chinesischen und japanischen Antiquitäten, Kunstobjekten und Raritäten aus dem Orient – fast schon ein exotisches Museum.

(10) Coin
Via Cappello 30, Verona
Das schöne Kaufhaus im Zentrum Veronas bietet eine ansprechende Auswahl an Mode, Kosmetika und Wohndekor – alles zu sehr vernünftigen Preisen.

Restaurants & Cafés

Preiskategorien
Preis für ein Drei-Gänge-Menü pro Person mit einer halben Flasche Wein inkl. Steuern und Service.

€ unter 40 €   €€ 40 – 60 €   €€€ über 60 €

① Graziati
Piazza della Frutta 40, Padua
◼ +39 049 875 1014 ◼ Mi geschl. ◼ €

Das Feingebäck *millefoglie* ist die ideale Ergänzung zu einem Kaffee auf dem Marktplatz. Im Untergeschoss kann man zu Mittag essen.

② Caffè Pedrocchi
Via VIII Febbraio 15, Padua
◼ +39 049 878 1231 ◼ €

Das klassizistische Kaffeehaus von 1831 – im 19. Jahrhundert beliebter Treff von Studenten und politisch engagierten Bürgern – war lange Jahre als »Café ohne Türen« bekannt, weil es hier keine Sperrstunde gab.

Im Caffè Pedrocchi

③ Osteria dei Fabbri
Via dei Fabbri 13, Padua ◼ +39 049 650 336 ◼ So abends geschl. ◼ €

Die Speisekarte des rustikalen Lokals wechselt täglich. Vielleicht gibt es ja gerade gegrillten Käse mit Polenta oder Spareribs mit Radicchio.

④ Antico Guelfo
Contrà Pedemuro San Biagio 90, Vicenza ◼ +39 0444 547 897 ◼ Di geschl. ◼ €€

Zutaten wie Quinoa (Inkareis) heben das Speiseangebot vom Üblichen ab. Obwohl das zentrale Restaurant zu den edleren zählt, sind die Preise erfreulich niedrig.

⑤ Antica Casa della Malvasia
Contrà delle Morette 5, Vicenza
◼ +39 0444 543 704 ◼ So abends & Mo geschl. ◼ €

Die fantasievollen Speisen werden von einer großen Auswahl an Weinen begleitet. *Bigoli all'arna* (Pasta mit Ente) sind der Hit.

⑥ Bar Borsa
Piazza dei Signori 26, Vicenza
◼ +39 0444 544 583 ◼ Mo – Fr mittags geschl. ◼ €

Livemusik zieht viele Gäste in die schicke Bar, die sowohl vor der Tür als auch auf der Piazza die Erbe Tische im Freien bietet. Am Wochenende gibt es hier Brunch.

⑦ Angolo Palladio
Piazzetta Palladio 12, Vicenza
◼ +39 0444 327 790 ◼ Do mittags geschl. ◼ €€

Die einladende Pizzeria serviert auch exzellenten *baccalà* (gesalzener Kabeljau) und beeindruckt mit einer großen Weinauswahl.

⑧ Ristorante Greppia
Vicolo Samaritana 3, Verona
◼ +39 045 800 4577 ◼ Mo geschl. ◼ €

Genießen Sie hausgemachte Pasta, Risotto und Klassiker wie *bollito misto* (Fleischtopf) mit feuriger *Pearà*-Sauce in alten Gewölben.

⑨ Arche
Via Arche Scaligere 6, Verona
◼ +39 045 800 7415 ◼ So abends & Mo geschl. ◼ € – €€€

Auf der Speisekarte des 1879 eröffneten Restaurants – eines der besten in Verona – stehen viele Fischgerichte.

⑩ Antica Bottega del Vino
Vicolo Scudo di Francia 3, Verona ◼ +39 045 800 4535 ◼ €€

Der Keller des altehrwürdigen Restaurants von 1890 birgt 2500 Weine. Aus der Küche kommen vor allem klassische Gerichte des Veneto.

Siehe Karte S. 128f

Reise-Infos

Bunte Häuser am Kanal auf Burano

Anreise & In Venedig unterwegs

Flugreisen

Der kleine **Aeroporto di Venezia – Marco Polo** liegt in Tessera, acht Kilometer nordöstlich der Stadt, und wird von zahlreichen europäischen Fluglinien angesteuert, auch von Lufthansa, Austrian und Swiss. Es gibt Direktverbindungen von mehreren deutschen Städten sowie von Wien und Zürich und auch das Charterangebot ist groß. Flüge der italienischen Linie Alitalia gehen über Rom.

Die schönste Art, vom Flughafen Marco Polo ins Zentrum zu gelangen, ist auf dem Wasserweg. Eine Bootsfahrt mit **Alilaguna** (ca. 1 Std.) kostet 15 €, ein Gepäckstück ist frei, für jedes weitere sind 3 € fällig. Ein Wassertaxi braucht halb so lange, kostet aber gut 110 €.

Am preiswertesten fährt man mit dem Bus. Linie 5 der **ACTV** steuert täglich alle 15 bis 30 Minuten den Piazzale Roma, Venedigs Parkplatz und Busbahnhof, an. Tickets (8 €) gibt es an Automaten. Der Shuttlebus von **ATVO** (Ticketschalter in der Ankunftshalle) kostet ebenfalls 8 € und fährt alle 30 Minuten.

Viele Charterflüge und Billigflieger nutzen den **Aeroporto di Treviso – Antonio Canova** 40 Kilometer nordwestlich von Venedig. Auch von hier fährt ein **ATVO**-Shuttlebus (12 €) zum Piazzale Roma. Oder Sie nehmen den Stadtbus Nr. 6 zum Bahnhof Treviso, wo regelmäßig Züge nach Venedig abfahren.

Zugreisen

In Italien fahren Züge der staatlichen Eisenbahngesellschaft **Trenitalia** und des privaten Anbieters **Italo**. Besonders stilvoll reist man mit dem **Venice Simplon-Orient-Express** ab Paris, Budapest oder Wien.

Die **Stazione Venezia Santa Lucia**, ein Kopfbahnhof, liegt direkt am Canal Grande, die **Stazione Venezia Mestre** auf dem Festland.

Busreisen

Eine preiswerte Art, nach Venedig zu reisen, ist die Busfahrt. Fernbusse aus Deutschland, Österreich oder der Schweiz – z. B. von **FlixBus** oder **BlaBlaCar** – kommen auf Tronchetto an.

Innerhalb Italiens sorgt **Sita Bus**, das Busunternehmen der staatlichen Eisenbahngesellschaft Ferrovie dello Stato Italiane, für preiswerte Städteverbindungen. Die Busse halten am Piazzale Roma.

Schiffsreisen

Kreuzfahrtschiffe ankern vor Tronchetto am Terminal Marittima, Passagier- und Autofähren aus Griechenland und Kroatien legen am Terminal San Basilio im Westen von Dorsoduro an. Beide Terminals betreibt **Venezia Terminal Passeggeri**. Aktivisten fordern seit Jahren, zumindest großen Schiffen die Anfahrt aufs Kreuzfahrtterminal durch den Canale della Giudecca und vorbei am Markusplatz zu verbieten. Sie scheinen nun endlich Gehör zu finden: Bis eine dauerhafte Lösung gefunden ist, werden große Kreuzfahrtschiffe ab 2022 in den Industriehafen von Marghera am Festland verlegt.

Vom Terminal Marittima ist nur mit dem People Mover schnell am Piazzale Roma, doch die Kreuzfahrtunternehmen bieten in der Regel auch Shuttlebusse an, die Passagiere direkt am Anleger abholen. Der Terminal San Basilio wird von der Vaporetto-Linie 6 bedient, die bis zum Lido fährt.

Anreise mit dem Auto

Für die Autofahrt nach Italien brauchen Sie die Fahrzeugpapiere und den nationalen Führerschein, außerdem Ersatzreifen, Warndreieck und Warnwesten. Die Regeln im Straßenverkehr unterscheiden sich kaum von den unseren *(siehe S. 141)*. Bei einer Panne helfen **ADAC** oder **ACI** *(Automobile Club d'Italia)*.

Für einen Aufenthalt in Venedig ist das Auto lästig, es muss auf einem der Parkplätze vor der Stadt stehen bleiben. Je näher am Zentrum, desto höher die Gebühr: Tronchetto und Piazzale Roma sind die teuersten Plätze, billiger sind Fusina oder San Giuliano bei Mestre.

People Mover

Die seilgezogene Kabinenbahn der ACTV, die Tronchetto, das Kreuzfahrtterminal Marittima und die Piazzale Roma verbindet, transportiert von 7 Uhr früh bis spätabends Besucher schnell und preiswert (1,50 €) zu den Toren der Stadt. Tickets – erhältlich an den drei Haltestellen – muss man unten entwerten, um Zutritt zum oben liegenden Bahnsteig zu erhalten.

Eintrittsgeld

Die bereits für 2019 geplante Einführung einer Gebühr für Tagestouristen wurde mehrfach verschoben und ist nun für 2022 angedacht. Die Höhe (3–10 €) richtet sich nach Saison und erwartetem Besucheransturm. Das wird den »Overtourism« wohl kaum eindämmen, spült aber Geld für Stadtreinigung und Instandhaltung in die Kassen. Wer sich drückt, muss mit ho-

hen Geldstrafen rechnen. Übernachtungsgäste leisten ihren Beitrag weiterhin mit der im Zimmerpreis enthaltenen Taxe.

Wasserbusse

In Venedig ersetzen *vaporetti* den Bus, Hauptstrecke dieser von der *Azienda del Consorzio Trasporti Veneziano* (**ACTV**) betriebenen Wasserbusse ist der Canal Grande. Sehr schön ist die Fahrt mit der Linie 1 vom Piazzale Roma nach San Marco, die Besuchern ausgiebige Blicke auf die Palazzi gewährt. Linie 2 fährt die Strecke schneller und macht nicht so oft Halt. Linie 12 verkehrt zwischen Fondamente Nove und den Inseln Murano, Burano und Torcello, zum Lido fahren die Linien 1, 5, 6 und 14. Die meisten Linien sind täglich von 5 bis 24 Uhr in Betrieb.

Mit einem Einzelfahrschein (7,50 €), den man an Anlegestellen erhält (siehe S. 140), darf man 75 Minuten lang fahren, auch umsteigen, aber nicht zurückfahren. Das Ticket muss beim Einsteigen entwertet werden.

Alilaguna-Boote fahren den Flughafen, den Lido und die nördlichen Inseln an. Tickets gibt es an Automaten und Schaltern.

Wassertaxis

An 16 Stellen der Stadt warten *motoscafi*, flotte Motorboote mit poliertem Holz und Lederpolstern, auf Fahrgäste, man kann sie aber auch telefonisch ordern. Der Luxus einer privaten Bootsfahrt ist kostspielig – für kurze Strecken innerhalb der Stadt sind schnell 50 bis 70 € fällig –, dafür fassen die Boote aber Gruppen von bis zu zehn Personen.

Flugreisen

Aeroporto di Venezia – Marco Polo (VCE)
📞 +39 041 260 9260
🌐 veniceairport.it

Aeroporto di Treviso – Antonio Canova (TSF)
📞 +39 0422 315 111
🌐 trevisoairport.it

ATVO (Flughafenbus)
📞 +39 0421 59 44
🌐 atvo.it

Zugreisen

Trenitalia
📞 +39 06 6847 5475
(in Italien: 89 20 21)
🌐 trenitalia.com

Italo
📞 +39 06 8937 1892
(in Italien: 89 20 20)
🌐 italotreno.it

Venice Simplon-Orient-Express
🌐 belmond.com/venice-simplon-orient-express

Stazione Venezia Santa Lucia
🌐 veneziasantalucia.it

Stazione Venezia Mestre
🌐 veneziamestre.it

Busreisen

Flixbus
🌐 flixbus.de

BlaBlaCar
🌐 blablacar.de

Sita Bus
🌐 sitabus.it

Schiffsreisen

Venezia Terminal Passeggeri
📞 +39 041 240 3000
🌐 vtp.it

Autoreisen

ADAC
📞 +49 89 222 222 (Notruf)
🌐 adac.de

ACI
📞 803 116 (Pannendienst)
🌐 aci.it

Wasserbusse

ACTV
🌐 actv.it

Alilaguna
🌐 alilaguna.it

Wassertaxis

Consorzio Motoscafi
📞 +39 041 240 6712
oder +39 041 522 2303
🌐 motoscafivenezia.it

Consorzio Venezia Taxi
📞 +39 328 238 9661
🌐 veneziataxi.it

Gondeln & Traghetti

Die Fahrt mit einer traditionellen Gondel *(siehe S. 27)* ist wohl die romantischste Art, die Stadt zu durchstreifen, aber auch die kostspieligste – die anmutigen Boote werden fast ausschließlich von Touristen genutzt. Beim Spaziergang entlang der Kanäle stößt man allerorts auf Ablegestellen, wo Gondoliere mit Ringelhemd und Strohhut auf Fahrgäste warten – auch am Markusplatz oder an der Rialtobrücke. Je nach Startpunkt können Sie entspannt den Trubel am Canal Grande genießen oder stille Kanäle und versteckte Juwele entdecken. Tagsüber kostet eine 30-minütige Gondelfahrt (für bis zu sechs Passagiere) in der Regel 80 €, abends meist 100 €. Um nicht übervorteilt zu werden, sollte man den Preis abklären, bevor man in die Gondel steigt. Die meisten Gondoliere sprechen gut Englisch und können ihren Fahrgästen bei Bedarf auch etwas über die Stadtgeschichte erzählen.

Für eine deutlich preiswertere, wenn auch kurze Gondelfahrt besteigen Sie eines der *traghetti*, die regelmäßig, aber ohne festen Fahrplan an einigen Stellen den Canal Grande queren und Fußgänger für 2 € in bar ans andere Ufer bringen. Manche Fährstrecken werden täglich bedient, manche nur an Werktagen oder nur vormittags. Wer es den Venezianern gleichtun möchte, steht bei der Überfahrt, man darf sich aber auch hinsetzen.

Lido-Busse

Busse fahren in Venedig – einmal abgesehen vom Festland – nur am Lido. Linie A bedient den Norden der Insel, Linie B den Süden. Linie 11 fährt von Santa Maria Elisabetta nach Süden und setzt mit der Fähre nach Pellestrina und Chioggia über.

ACTV-Tickets

Venedigs Verkehrsgesellschaft ACTV betreibt die allgegenwärtigen *vaporetti*, die Busse am Lido und auf dem Festland sowie den People Mover *(siehe S. 138f)*. ACTV-Fahrkarten erhält man an den meisten Haltestellen, an Kiosken, in Tabakläden und in Informationsbüros von Venezia Unica *(siehe S. 145)* – nicht erst im Fahrzeug! Darüber hinaus sind alle Fahrkarten der ACTV über die (etwas umständliche) AVM Venezia Official App zu haben.

Insbesondere für Fahrten mit dem Wasserbus lohnen sich in der Regel Zeitkarten für einen (20 €), zwei (30 €), drei (40 €) oder sieben (60 €) Tage – es gibt sie als Teilpaket des Venezia Unica City Pass *(siehe S. 145)*. Für junge Leute unter 30, die im Besitz einer Karte von Rolling Venice sind *(siehe S. 143)*, gibt es den ACTV-Drei-Tage-Pass für nur 22 €.

Venedig zu Fuß

Auch wenn es reizvoll ist, Venedigs Wasserwege zu befahren – in der Altstadt ist, wer gut zu Fuß ist, auf Boote nicht angewiesen. Die Stadt ist kompakt – von Nord nach Süd kann man sie in rund 45 Minuten durchqueren. Über den Canal Grande führen vier Brücken.

Da die meisten Gassen schmal sind, hält man sich als Fußgänger möglichst rechts und bleibt auf Brücken nicht stehen. Je weiter man sich von San Marco oder Rialto entfernt, desto mehr lässt das Gedränge nach.

Sich in Venedigs Gassen zu verirren, gehört übrigens dazu. Man kann mit gezücktem Stadtplan den kürzesten Weg verfolgen, doch vergnüglicher ist es, sich in die gewünschte Richtung treiben zu lassen und auf unerwartete Gassen, Plätze, Kirchen oder Lokale zu stoßen. Verloren geht man dabei nicht – immer wieder zeigen gelbe Schilder den Weg zu bekannten Sehenswürdigkeiten an.

Fahrrad fahren

In der Stadt sind Fahrräder (auch, wenn man sie schiebt) verboten, doch Lido und Pellestrina laden zum Radeln ein – dort finden sich auch mehrere Anbieter für Leihräder. Wer mit dem Rad vom Festland kommt, kann sein Gefährt im gebührenpflichtigen Fahrradpark am Piazzale Roma sicher abstellen – oder über Chioggia den Lido ansteuern.

#EnjoyRespect Venezia

Angesichts wachsender Touristenströme hat Venedig 2017 eine Kampagne gestartet, die seine Besucher zu verantwortungsvollem Handeln bewegen soll. Neben dem

Aufruf, auch die verborgenen Schätze Venedigs an unbekannteren Plätzen zu würdigen sowie regionale Produkte und die traditionelle venezianische Küche zu bevorzugen, wurden auch Regeln formuliert und Bußgelder eingeführt. Verboten sind u. a. das Schwimmen in den Kanälen und das Taubenfüttern, aber auch, an Kanalufern, auf Treppen, an Denkmälern oder an Brunnen zu picknicken sowie am Markusplatz außerhalb der Cafés und Restaurants zu essen oder zu trinken. Als Zeichen des Respekts vor Venedigs Kunst und Kultur ist angemessene Kleidung erwünscht, was freie Oberkörper oder Badekleidung ausdrücklich ausschließt. Dass man Müll nicht in die Gegend wirft, keine Wände mit Farbe besprüht und die Privatsphäre der Anwohner respektiert, sollte sich von selbst verstehen. Weitere Details liefern Venezia Unica und Città di Venezia *(siehe S. 145)*.

Verantwortungsvoller Urlaub fängt übrigens schon bei der Anreise an. Wer z. B. an Bord eines Kreuzfahrschiffs nach Venedig kommt, muss sich darüber im Klaren sein, wie schädlich sich diese Art zu reisen auf die Stadt und die Lagune auswirkt – da ist dann sogar der UNESCO-Welterbetitel in Gefahr.

Im Veneto unterwegs

Reisende, die nicht mit dem Auto gekommen sind, aber für Abstecher nach Padua, Vicenza oder Verona nicht auf Bahn oder Bus angewiesen sein wollen, können, sofern sie über 21 sind und den Führerschein schon länger als ein Jahr besitzen, einen Mietwagen nehmen – Filialen bekannter Anbieter finden sich am Piazzale Roma oder in Mestre. Einige Orte im Veneto sind nur per Auto zu erreichen und die Fahrt durch die sanfte Hügellandschaft ist wirklich schön. Wie bei uns herrscht auch hier Gurtpflicht, Handyverbot am Steuer und eine Promillegrenze von 0,5. Innerorts gilt ein Tempolimit von 50 km/h, außerorts von 90 km/h. Auf Schnellstraßen darf man 110 km/h fahren, auf Autobahnen 130 km/h. Außerhalb von Ortschaften müssen Sie auch tagsüber das Abblendlicht einschalten.

Besonders bequem reist man von Venedig aus per Zug durch den Veneto. Trenitalia *(siehe S. 138)* betreibt ein ausgedehntes und effizientes Streckennetz in der gesamten Region und die Fahrtkosten halten sich dabei im Rahmen. Das Angebot reicht vom gemütlichen Regionalzug, der an jedem auch noch so kleinen Bahnhof hält, über den einen oder anderen InterCity bis zum Hochgeschwindigkeitszug *Frecciargento* (»Silberpfeil«), der Venedig u. a. auch mit Padua, Vicenza und Verona verbindet. Für die Abfahrt stehen Stazione Venezia Santa Lucia und Stazione Venezia Mestre zur Wahl *(siehe S. 138)* – beide Bahnhöfe sind mit rund 450 Zügen pro Tag stark frequentiert. Alle Zugfahrkarten müssen vor Fahrtantritt erworben und am Zugang zum Bahnsteig entwertet werden. Wer ohne oder mit einem nicht entwerteten Fahrschein im Zug erwischt wird, muss mit einer hohen Geldstrafe rechnen.

Busitalia Sita Nord ist das für Norditalien zuständige Busunternehmen der staatlichen Eisenbahngesellschaft. Für die Region Veneto hat es seinen Sitz in Padua. Die Busse fahren in der Regel am Bahnhof der jeweiligen Stadt bzw. am Hauptplatz kleinerer Orte ab, Fahrkarten sind im Bus erhältlich.

Für den öffentlichen Nahverkehr haben die Städte im Veneto eigene Anbieter. Mestre liegt im Zuständigkeitsgebiet der **ACTV**, in Padua kümmert sich die **APS Holding** um den Nahverkehr, in Vicenza fährt man mit **SVT** und in Verona mit **ATV**. Die Stadtbusse sind preiswert und verkehren regelmäßig. Die Fahrkarten kauft man vorher an Zeitungsständen, Schaltern oder Automaten, entwertet wird beim Einstieg. Nähere Informationen über Routen, Fahrpläne, Preise und mehr bieten die jeweiligen Websites.

Im Veneto unterwegs

Busitalia Sita Nord
🔲 fsbusitalia.it

ACTV
🔲 actv.it

APS Holding (Padua)
🔲 apsholding.it

SVT (Vicenza)
🔲 svt.vi.it

ATV (Verona)
🔲 atv.verona.it

Praktische Hinweise

Einreise

Da Italien zur Schengen-Gruppe gehört, benötigen Bürger der EU und der Schweiz für die Einreise lediglich ihren Personalausweis. Für Kinder jeden Alters sind eigene Ausweispapiere erforderlich.

Zoll

EU-Bürger dürfen Waren für den Eigenbedarf zollfrei ein- und ausführen. Für Tabak und Alkohol gelten die EU-Höchstgrenzen: 800 Zigaretten, 400 Zigarillos, 200 Zigarren oder ein Kilogramm Tabak, zehn Liter Spirituosen, 90 Liter Wein oder 110 Liter Bier.

Reise- & Sicherheitshinweise

Deutsche, Österreicher und Schweizer erhalten auf den Websites ihrer Außenministerien Reisehinweise sowie Informationen über die aktuelle Sicherheitslage und ggf. notwendige Einreisedokumente. Da es wegen unvorhersehbarer Entwicklungen jederzeit zu Änderungen und Einschränkungen kommen kann, stellen die Außenministerien zudem kostenlose Apps zur Verfügung, über die Reisende sofort von Veränderungen der Lage erfahren.

Versicherung

Dank des europäischen Sozialversicherungsabkommens genießen EU-Bürger in Italien Krankenversicherungsschutz, sie müssen nur Ihre Versicherungskarte (EHIC) vorlegen. Leistungen wie Krankenrücktransport oder Zahnbehandlungen sind damit nicht abgedeckt – wer also ganz sichergehen will, sollte eine private Auslandsreisekrankenversicherung erwägen. Manche Reiseversicherungen decken darüber hinaus Risiken von Reiserücktritt bis zu Gepäckverlust ab.

Gesundheit

Schützen Sie sich im Sommer mit einem hohen Lichtschutzfaktor gegen die Sonne. Da das Wasser der Kanäle Stechmücken anlockt, ist ein entsprechendes Abwehrmittel ratsam. Venedigs Leitungswasser kann man unbesorgt trinken, das gilt auch für Wasser aus den städtischen Trinkbrunnen. Wenn ein Brunnen kein Trinkwasser führt, wird mit *non potabile* darauf hingewiesen.

Bei kleinen Beschwerden reicht oft schon der Besuch einer Apotheke *(farmacia)*, die üblichen Öffnungszeiten sind montags bis freitags von 9 bis 12.30 und von 16 bis 19.30 Uhr und samstags nur am Vormittag. Die Adresse der nächstgelegenen Notapotheke *(farmacie di turno)* ist an der Tür jeder Apotheke angeschlagen.

An der Piazza San Marco und am Piazzale Roma gibt es Erste-Hilfe-Einrichtungen (First Aid Points) für Besucher. Sie haben täglich von 8 bis 20 Uhr geöffnet.

Bei schweren Gesundheitsproblemen suchen Sie am besten gleich das Krankenhaus **Ospedale SS. Giovanni e Paolo** in Castello (nahe den Fondamente Nove) auf, das auch über eine Notaufnahme *(pronto soccorso)* verfügt.

Auf der Website von **Health Venice** finden Sie Listen von Ärzten und Apotheken, meist weiß aber auch das Hotelpersonal Rat.

Sicherheit & Notfälle

Venedig ist eine sichere Stadt, doch natürlich gibt es auch hier geschickte Taschendiebe. Achten Sie vor allem bei Gedränge – auf Märkten oder an Vaporetto-Anlegestellen, wenn es ans Einsteigen geht – auf Ihre Wertsachen. Tragen Sie Ihre Handtasche besser diagonal über der Schulter und hängen Sie sie nicht an die Stuhllehne, wenn Sie in einem Straßencafé sitzen. Generell ist es ratsam, Papiere und Wertsachen im Hotelsafe zu deponieren, allerdings muss man sich in Italien jederzeit ausweisen können, weshalb Sie immer zumindest eine Kopie des Personalausweises oder Reisepasses bei sich haben sollten. Im historischen Zentrum herrscht hohe Polizeipräsenz. Die Ordnungshüter achten auch darauf, dass Besucher der Stadt die im Rahmen der Kampagne #EnjoyRespectVenezia *(siehe S. 140f)* formulierten Regeln befolgen.

Auch nachts ist Venedig sicher. Frauen, die allein unterwegs sind, haben hier kaum Probleme.

In Notfällen wählen Sie den **europäischen Notruf 112**, wo man auch Deutsch versteht, Sie erreichen die Polizei *(policia)* aber auch unter 113, die Feuerwehr *(vigili del fuoco)* unter 115 und den Rettungsdienst *(ambulanza)* unter 118.

Diebstähle sollten Sie im **Polizeipräsidium** *(questura)* zur Anzeige bringen – schon wegen des Berichts für Ihre Versicherung. Beim Verlust von Reisedokumenten kontaktieren Sie Ihr **Konsulat**. Falls Ihnen eine **Kreditkarte** abhandenkommt, lassen Sie diese sofort sperren. Bei verlorenen Gegenständen können Sie Ihr Glück im **Städtischen Fundbüro** *(ufficio oggetti rinvenuti)* versuchen (Mo – Fr 9 – 13 Uhr), der **ACTV** betreibt ein eigenes *Oggetti Rinvenuti* für die in den vaporetti liegen gebliebenen Sachen (tägl. 7.30 – 19.30 Uhr).

Behinderte Reisende

Venedig hat 426 Brücken und viele davon haben Stufen. Nur 70 Prozent der Stadt (manche sprechen von gerade mal 50 Prozent) sind barrierefrei. Reisende mit eingeschränkter Mobilität berät **Venezia Accessibile** sowohl online als auch vor Ort in Venezia-Unica-Büros *(siehe S. 145)*. Nützliche Broschüren informieren über die Ankunft mit Flugzeug, Zug oder Bus wie auch über Parkplätze, öffentliche Toiletten, Vorrichtungen an Brücken und Vaporetto-Fahrten.

Viele Sehenswürdigkeiten sind für Rollstuhlfahrer samt Begleitperson ermäßigt oder gar kostenlos. Der ACTV *(siehe S. 140)* bietet Ermäßigungen für Rollstuhlfahrer, eine Begleitperson fährt gratis mit. Um Individualtransporte kümmert sich **Sanitrans**. Spezialisten wie **Sage Traveling** bieten weitere Informationen und Links.

Kinder & Jugendliche

Wer mit kleinen Kindern reist, sollte bei der Wahl des Kinderwagens an die Brücken und die vielen Stufen denken bzw. eine Tragehilfe erwägen. Kinder unter sechs Jahren fahren in *vaporetti* gratis mit. Ab sechs Jahren gibt es Ermäßigungen über den Venezia Unica City Pass *(siehe S. 145)*.

Junge Leute kommen mit dem Pass von Rolling Venice (6 €), erhältlich bei Venezia Unica *(siehe S. 145)*, in den Genuss von Ermäßigungen – auch beim ACTV *(siehe S. 140)*. Das Angebot gilt für alle, die das 30. Lebensjahr noch nicht vollendet haben.

Reise- & Sicherheitshinweise
🔲 auswaertiges-amt.de
🔲 bmeia.gv.at
🔲 eda.admin.ch

Gesundheit

Ospedale SS. Giovanni e Paolo
Karte F3 ■ Castello 6777
📞 +39 041 529 4111

Health Venice
🔲 healthvenice.com

Sicherheit & Notfälle

Europäischer Notruf
📞 112

Polizeipräsidium
Karte B3 ■ Fmta. di Santa Chiara, Santa Croce 500
📞 +39 041 271 5511

Deutsches Honorarkonsulat
Karte J2 ■ Palazzo Condulmer, Santa Croce 251
📞 +39 041 523 7675
🔲 italien.diplo.de

Österreichisches Honorarkonsulat
Karte J2 ■ Palazzo Condulmer, Santa Croce 251
📞 +39 041 524 0556
🔲 bmeia.gv.at

Schweizerisches Konsulat
Karte C5 ■ Campo Sant'Agnese, Dorsoduro 810
📞 +39 041 522 5996
🔲 eda.admin.ch

Kreditkartenverlust
📞 +49 116 116
🔲 116116.eu

Städtisches Fundbüro
Karte P4 ■ Ca' Farsetti, San Marco 4136
📞 +39 041 274 8225

ACTV Oggetti Rinvenuti
Karte B3 ■ Garage Communale, Piazzale Roma
📞 +39 041 272 2394

Behinderte Reisende

Venezia Accessibile
🔲 comune.venezia.it
🔲 veneziaunica.it/it/content/venezia-accessibile

Sanitrans
Karte C2 ■ Fondamenta Guglie, Cannaregio 1091/A
📞 +39 041 523 9977
🔲 sanitrans.net

Sage Traveling
🔲 sagetraveling.com

Geld & Kreditkarten

Da in Italien der Euro gilt, müssen sich Besucher aus Deutschland und Österreich in Sachen Geld nicht umstellen. Der einfachste Weg, an Bargeld zu gelangen, ist auch hier der Weg zum Automaten (bancomat), wo man mit Girocard (mit Maestro- oder VPay-Logo) bzw. Kreditkarte (gekoppelt mit PIN) rund um die Uhr Geld abheben kann. Bedienungsanweisungen werden mehrsprachig erteilt, neben Italienisch zumindest auch in Englisch. Die Gebühren unterscheiden sich von Bank zu Bank und richten sich auch nach der Höhe des Betrags.

Zum Wechseln fremder Währung geht man am besten in eine Bank, in der Regel benötigen Sie dort einen Ausweis. Wechselstuben (cambio) haben länger geöffnet, bieten aber schlechtere Kurse.

Außer auf Märkten und in sehr kleinen Läden, Bars oder Cafés können Sie fast überall mit Kreditkarte bezahlen. Visa und MasterCard sind weitverbreitet, American Express und Diners Club werden seltener akzeptiert. Bei Verlust lassen Sie Ihre Karte(n) sofort sperren (siehe S. 143). Ein wenig Bargeld sollten Sie dennoch immer bei sich haben, sei es für Ticketautomaten oder für ein schnelles Eis.

Telefon & Internet

Für die wenigen öffentlichen Telefone, die es in Venedig noch gibt, benötigen Sie eine Karte (carte telefoniche), die bei der Post, am Zeitungskiosk oder in Tabakläden (tabacchi) zu haben sind. Italiens Vorwahl ist +39, die Vorwahl von Venedig die 041. Die Ortsvorwahl einschließlich der 0 ist fester Bestandteil der Rufnummer und wird – auch bei Ortsgesprächen im Festnetz – immer mitgewählt. Entsprechend bleibt die 0 der Ortsvorwahl auch bei Anrufen aus dem Ausland nach der Ländervorwahl stehen. Für Auslandsgespräche von Italien wählt man 00, dann die Landesnummer (49 für Deutschland, 43 für Österreich und 41 für die Schweiz).

Mit den in Europa gängigen Smartphones und Handys kann man auch in Italien problemlos telefonieren, die Netzabdeckung ist sehr gut. EU-Bürger müssen dabei nicht mehr auf Roaming-Gebühren achten, sie zahlen für Gespräche dasselbe wie zu Hause. Dennoch ist es ratsam, den eigenen Mobilfunkvertrag bzw. das genutzte Angebot auf im Ausland fällige Gebühren zu prüfen.

Die bekanntesten Mobilfunkanbieter in Italien sind **TIM**, **Wind Tre** und **Vodafone**. Italienische Handynummern beginnen mit 3 und nicht wie bei uns mit einer 0.

Die meisten Hotels wie auch einige Restaurants und Cafés bieten Internetzugang per WLAN. Mit dem Venezia Unica City Pass können Sie den Zugang zu städtischen Hotspots für 24 Stunden (5 €), 72 Stunden (15 €) oder für eine Woche (20 €) buchen.

Post

Briefmarken (francobolli) gibt es bei der Post und in Tabakläden. Post ins europäische Ausland muss als Posta prioritaria versandt werden. Kleinere Postämter haben nur vormittags geöffnet, das Hauptpostamt im sestiere San Marco tut bis zum Abend Dienst.

Öffnungszeiten

Viele Sehenswürdigkeiten haben täglich geöffnet, doch manche Museen sind montags geschlossen. Kirchen öffnen ihre Türen in der Regel montags bis samstags von 10 bis 17 Uhr, Lebensmittelläden montags bis samstags von 9 bis 13 und von 16 bis 19.30 Uhr. Am Mittwochnachmittag schließt manch kleiner Laden, andere öffnen montags erst gegen Mittag.

Italienische Feiertage sind: Capodanno (Neujahr, 1. Jan), Epifania (Dreikönigstag, 6. Jan), Lunedì dell'Angelo (Ostermontag), Liberazione Italia (Tag der Befreiung durch Markustag, 25. Apr), Festa dei lavoratori (Tag der Arbeit, 1. Mai), Festa della Repubblica (Nationalfeiertag, 2. Juni), Ferragosto (Mariä Himmelfahrt, 15. Aug), Ognissanti (Allerheiligen, 1. Nov), Immacolata Concezione (Mariä Empfängnis, 8. Dez), Natale & Santo Stefano (Weihnachten, 25. & 26. Dez).

Zeit

Venedig liegt in der Mitteleuropäischen Zeitzone (MEZ). Von Ende März bis Ende Oktober gilt auch hier Sommerzeit.

Strom

Wie in Europa üblich beträgt die Netzspannung 230 Volt bei 50 Hertz. Flache Stecker mit zwei Pins passen immer.

Wetter

In den Ferienmonaten Juli und August ist es in Venedig oft heiß und schwül. Im Frühling und im Herbst kann man die Sonne besser genießen. In den Wintermonaten erlebt man sowohl Regen und Nebel als auch klare kalte Tage. Das zwischen Oktober und März regelmäßig auftretende Hochwasser (acqua alta), das als Erstes auf der Piazza San Marco steht, sollte dank MOSE (siehe S. 45) kein Problem mehr sein.

Information

Das offizielle Tourismusamt IAT (Informazione e Accoglienza Turistica) unterhält unter dem Logo **Venezia Unica** Besucherbüros am Flughafen, am Bahnhof Santa Lucia, am Piazzale Roma und an der Piazza San Marco. Dort gibt es Informationen zur Nachhaltigkeitskampagne #EnjoyRespectVenezia (siehe S. 140f), zu Sehenswürdigkeiten und Veranstaltungen sowie Stadt- und Vaporetto-Pläne. Die zugehörige Website steht auch auf Deutsch zur Verfügung.

Auch die Website der Stadt Venedig (**Città di Venezia**) bietet nützliche Informationen, zum Teil auf Deutsch. **Chorus** informiert über Venedigs Kirchen, die **Fondazione Musei Civici di Venezia** über Museen.

Das Magazin *Un Ospite di Venezia* bietet online und in einer kostenlosen monatlichen Printausgabe Veranstaltungshinweise und Tipps auf Italienisch und Englisch.

Venezia Unica City Pass

Den praktischen City Pass von Venezia Unica kann man in Form diverser Pakete ordern – ermäßigt für unter 30- und über 65-Jährige – oder ganz nach persönlichem Bedarf zusammenstellen, möglich sind Tageskarten für den öffentlichen Verkehr (siehe S. 140), der Eintritt zu bedeutenden Sehenswürdigkeiten, die Nutzung öffentlicher Toiletten, WLAN-Zugang, Parkgebühren und mehr.

Der Chorus Pass (12 €, erm. 8 €), der Eintritt in 16 Kirchen gewährt, ist nun auch Teil des Venezia Unica City Pass, ebenso wurde der von der Fondazione Musei Civici di Venezia für die elf städtischen Museen angebotene Museum Pass (35 €, erm. 18 €) hier integriert.

Unterkunft

Viele Hotels in Venedig sind klein, frühes Buchen ist also ratsam. Vor allem zum Karneval, zur Biennale und zum Filmfestival im September sind Häuser schnell ausgebucht.

Von November bis kurz vor Ostern ist – Silvester und Karneval ausgenommen – Nebensaison. Auch in den Hitzemonaten Juli und August sind oft günstige Zimmer zu finden.

Je näher die Unterkunft an der Piazza San Marco liegt, desto höher sind die Preise. Auch Kanalblick kostet meist extra. Preiswerter wohnt man am Lido, am preisgünstigsten auf dem Festland in Mestre. Nachtruhe genießt man am ehesten im nördlichen Cannaregio und im östlichen Castello. Dorsoduro ist für reges Nachtleben bekannt.

Mobilfunk

TIM
🔳 tim.it

Wind Tre
🔳 wind.it

Vodafone
🔳 vodafone.it

Post

Hauptpostamt
Karte Q3 ■ Merceria San Salvador, San Marco 5016
📞 +39 041 240 4149
🔳 poste.it

Wetter

🔳 ilmeteo.it

Information

Venezia Unica
📞 +39 041 2424
🔳 veneziaunica.it/de

Città di Venezia
🔳 comune.venezia.it

Chorus
📞 +39 041 275 0462
🔳 chorusvenezia.org

Fondazione Musei Civici di Venezia
📞 +39 041 4273 0892
(in Italien: 848 082 000)
🔳 visitmuve.it

Un Ospite di Venezia
🔳 unospitedivenezia.it

Weitere Websites:
🔳 venedig-reiseinfo.de
🔳 venedig informationen.eu
🔳 venezia.net

Buchungsportale

🔳 booking.com
🔳 hrs.de
🔳 trivago.de

Hotels

Luxushotels

Grand Hotel Palazzo dei Dogi
Karte D1 ▪ Fondamenta Madonna dell'Orto, Cannaregio 3500 ▪ +39 041 220 8111 ▪ www.nh-hotels.com ▪ €€€
Das Hotel, einst Kloster, liegt an einem ruhigen Kanal. Es hat ein eigenes Boot für Gäste und einen wunderbaren Garten, der sich bis zur Lagune erstreckt. Das Haus zieren Stoffe aus venezianischen Handwerksbetrieben und herrliche Kronleuchter aus Murano-Glas.

Aman Venice
Karte N3 ▪ Palazzo Papadopoli, Calle Tiepolo, San Polo 1364 ▪ +39 041 270 7333 ▪ www.aman.com/resorts/aman-venice ▪ €€€
Das Hotelboot bringt Gäste vom Flughafen zum Eingang des Palazzo am Canal Grande, wo diese stuckverzierte Zimmer, einen schönen Garten, ein kleines Spa und ein Fitnesscenter vorfinden.

Bauer Palazzo
Karte P5 ▪ Campo San Moisè, San Marco 1459 ▪ +39 041 520 7022 ▪ www.bauervenezia.com ▪ €€€
Nahe der Piazza San Marco und inmitten von Venedigs Hauptsehenswürdigkeiten und Einkaufsmeilen bietet dieses Hotel Service guten alten Stils in noblem Ambiente.

Hotel Excelsior Venice Lido Resort
Karte H2 ▪ Lungomare Marconi 41, Lido ▪ +39 041 526 0201 ▪ Nov – Mitte März geschl. ▪ www.hotelexcelsiorvenezia.com ▪ €€€
In dem großen Haus am Strand logieren während der Filmfestspiele Stars und Paparazzi. Sie erfreuen sich an großartigen Zimmern, einem Swimmingpool und exklusiven Restaurants.

Hotel Cipriani
Karte E6 ▪ Giudecca 10 ▪ +39 041 240 801 ▪ Nov – März geschl. ▪ www.hotelcipriani.com ▪ €€€
Von der Piazza San Marco sind es mit dem Boot nur wenige Minuten zu dem berühmten Hotel auf Giudecca – Gäste werden abgeholt. Das Haus der Belmond-Gruppe bietet einen Garten mit Pool und drei Top-Restaurants (siehe S. 127).

Hotel Danieli
Karte R5 ▪ Riva degli Schiavoni, Castello 4196 ▪ +39 041 522 6480 ▪ www.danielihotelvenice.com ▪ €€€
Die Geschichte des schönen Hauses (siehe S. 109) zieht viele Gäste an. Das Interieur des Palazzo ist so eindrucksvoll wie der Blick aus den Fenstern. Die besten Zimmer liegen im alten Flügel und gewähren Blick auf die Riva degli Schiavoni.

JW Marriott Venice
Karte G2 ▪ Isola delle Rose, Laguna di San Marco ▪ +39 041 852 1300 ▪ Nov – Feb geschl. ▪ www.jwvenice.com ▪ €€€
Auf der kleinen Insel in der südlichen Lagune befand sich einst ein Sanatorium. Heute kommen Gäste, um an Dachterrassen, an großen Pools, im Spa und in den exzellenten Restaurants Luxus zu genießen. Auch Kochkurse kann man hier besuchen. Hotelboote bringen Gäste in 20 Minuten zur Piazza San Marco.

Hotel Luna
Karte P5 ▪ Calle Larga dell'Ascension, San Marco 1243 ▪ +39 041 528 9840 ▪ www.baglionihotels.com ▪ €€€
Venedigs ältestes Hotel beherbergte Anfang des 12. Jahrhunderts Tempelritter, die sich zu Kreuzzügen sammelten. Das Baglioni-Haus bietet perfekten Service und kultiviertes Flair. Marmor und Kronleuchter sorgen für Eleganz, den Frühstückssalon zieren Fresken von Schülern Tiepolos.

Metropole
Karte F4 ▪ Riva degli Schiavoni, Castello 4149 ▪ +39 041 520 5044 ▪ www.hotelmetropole.com ▪ €€€
Das exzellent geführte Hotel liegt in einem alten Palazzo nur wenige Bootsminuten von San Marco entfernt. Es bietet seinen Gästen einen traumhaften Garten, wo man sich vom Trubel der Stadt erholen kann, und ein Sternerestaurant.

Palace Bonvecchiati

Karte P4 ■ Calle dei Fabbri, San Marco 4680 ■ +39 041 296 3111 ■ www.palace bonvecchiati.it ■ €€€
Das moderne Luxushotel kann mit Sauna und Fitnesscenter unterm Dach aufwarten und bietet Gästen, die Wassertaxis nutzen, sogar eine eigene Anlegestelle.

The St. Regis Venice

Karte P6 ■ Corte Barozzi, San Marco 2159 ■ +39 041 240 0001 ■ www.st-regis. marriott.com ■ €€€
Das luxuriöse Hotel, das Gäste bis vor Kurzem noch unter dem Namen Westin Europa empfing, residiert nahe der Piazza San Marco in einem eleganten alten Palazzo am Canal Grande.

Preiswerte Häuser

Al Campaniel B&B

Karte L4 ■ Calle del Campaniel, San Polo 2889 ■ +39 041 275 0749 ■ www.alcampanielbb. com ■ €
Die freundlichen Wirtsleute Gloria und Marco bieten in ihrem Gästehaus nahe der Anlegestelle San Tomà tadellose Zimmer und eine nette Atmosphäre.

Alloggi Gerotto

Karte C2 ■ Campo San Geremia, Cannaregio 283 ■ +39 041 715 361 ■ keine Kreditkarten ■ www.casa gerottocalderan.com ■ €
Das Hotel in Bahnhofsnähe verfügt über große Zimmer, zum Teil mit eigenem Bad, serviert aber kein Frühstück. Familien freuen sich hier über Zimmer für drei bis acht Personen.

Albergo Ristorante Al Santo

Via del Santo 147, Padua ■ +39 049 875 2131 ■ www.alsanto.it ■ €
Für Aufenthalte in Padua empfiehlt sich dieses einfache, familiengeführte Haus in toller Lage. Zu den wichtigsten Sehenswürdigkeiten der Stadt sind es zu Fuß nicht mehr als zehn Minuten.

Hotel Bernardi

Karte P1 ■ Calle dell'Oca, Cannaregio 4366 ■ +39 041 522 7257 ■ www. hotelbernardi.com ■ €
Die Wirtsleute dieses einfachen Hotels nahe dem Campo dei Santi Apostoli verstehen sich von Gastlichkeit. Das sorgt für angenehmen Aufenthalt und große Zufriedenheit bei den Gästen.

Casa Cardinal Piazza

Karte D1 ■ Fondamenta Contarini, Cannaregio 3536 ■ +39 041 720 233 ■ keine Kreditkarten ■ www.casacardinalpiazza. org ■ €
Der Palazzo Contarini Minelli birgt dieses von Nonnen geführte Gästehaus, das 24 Zimmer mit Bad und einen schönen schattigen Garten bietet. Das Haus ist allerdings nichts für Nachteulen: Hier werden die Türen um 23 Uhr geschlossen.

Albergo al Gobbo

Karte C2 ■ Campo San Geremia, Cannaregio 312 ■ +39 041 715 001 ■ www. albergoalgobbo.it ■ €
Das kleine Hotel ist vom Bahnhof aus bequem zu erreichen. Die meisten der schlichten Zimmer sind klimatisiert, einige bieten Blick auf den belebten Platz.

Istituto Canossiano San Trovaso

Karte K6 ■ Fondamenta delle Eremite, Dorsoduro 1323 ■ +39 041 240 9711 ■ keine Klimaanlage ■ www.istitutocanossiano santrovaso.com ■ €
Das modernisierte Kloster unweit der Zattere hat einen großen Innenhof, der zum Entspannen und Schlendern einlädt. Das Haus bietet Snack- und Getränkeautomaten. Um 24 Uhr ist Sperrstunde.

Il Lato Azzurro

Karte H2 ■ Via dei Forti 13, Sant'Erasmo ■ +39 041 523 0642 ■ keine Klimaanlage ■ www.latoazzurro. it ■ €
Auf der grünen Insel Sant'Erasmo weht eine angenehme Brise. Für die Gäste des schlichten Hotels werden Kanufahrten, Radtouren und Picknicks veranstaltet. Das Haus bietet Halbpension – das Essen ist vorwiegend vegetarisch – und verfügt auch über zwei barrierefreie Zimmer.

Hotels mit Charme

Ca' Noemi B&B

Karte F1 ■ Rio Terrà 32, Malamocco, Lido ■ +39 041 242 0040 ■ www. canoemi.it ■ €
In einem alten Fischerdorf am südlichen Ende des Lido stößt man auf dieses reizende, jüngst restaurierte Haus aus dem 14. Jahrhundert. Sowohl der Strand als auch Venedigs Altstadt sind leicht zu erreichen. Der Sportclub Ca' del Moro mit Schwimmbad, Tennisplätzen und Fitnesseinrichtungen liegt ganz in der Nähe.

Hotel Pensione Accademia

Karte L6 ▪ Fondamenta Bollani, Dorsoduro 1058 ▪ +39 041 521 0188 ▪ www.pensione accademia.it ▪ €€ – €€€
Buchen Sie besser früh, wenn Sie in der Nähe der Gallerie dell'Accademia (siehe S. 30f) in der hübschen Villa Maravege aus dem 17. Jahrhundert übernachten wollen. Bei schönem Wetter wird im Garten gefrühstückt.

Ca' della Corte

Karte B3 ▪ Corte Surian, Dorsoduro 3560 ▪ +39 041 715 877 ▪ www. cadellacorte.com ▪ €€
Die reizende Frühstückspension liegt nur wenige Gehminuten vom Piazzale Roma entfernt und bietet ansprechende, modern ausgestattete Zimmer.

La Calcina

Karte D5 ▪ Zattere, Dorsoduro 780 ▪ +39 041 520 6466 ▪ www.lacalcina.com ▪ €€
Gern wird erzählt, dass John Ruskin im Jahr 1877 in dieser Pension an den Zattere übernachtete. Die Räumlichkeiten wurden mittlerweile modernisiert, doch der Charme blieb – wie die alten Holzböden – erhalten. Die Terrasse bietet Blick auf den Canale della Giudecca und über die Dächer von Venedig. Frühes Buchen ist empfohlen.

Hotel Flora

Karte P5 ▪ Calle Bergamaschi, San Marco 2283/A ▪ +39 041 520 5844 ▪ www.hotelflora.it ▪ €€
Der hübsche Hof des einladenden kleinen Hotels in einem Palazzo aus dem 17. Jahrhundert ist eine ruhige Oase im Trubel der Stadt. Aus den oberen Zimmern genießt man eine schöne Aussicht.

Hotel Marconi

Karte P3 ▪ Riva del Vin, San Polo 729 ▪ +39 041 522 2068 ▪ www.hotel marconi.it ▪ €€
Das beliebte Hotel nahe der Rialtobrücke hält für seine Gäste Tische im Freien bereit. Die Zimmer sind einfach, doch dafür entschädigt die herzliche Atmosphäre.

Locanda Cipriani

Karte H1 ▪ Piazza Santa Fosca 29, Torcello ▪ +39 041 730 150 ▪ Jan – Anfang Feb geschl. ▪ www. locandacipriani.com ▪ €€
Das Gasthaus mit Garten hat schon viele Berühmtheiten beherbergt und bewirtet (siehe S. 37). Sobald die Tagesausflügler weg sind, kann man in Ruhe die Insel erkunden.

Palazzo Abadessa

Karte D2 ▪ Calle Priuli, Cannaregio 4011 ▪ +39 041 241 3784 ▪ www. abadessa.com ▪ €€ – €€€
In diesem wunderbaren Hotel mit Garten sorgen zauberhafte Kronleuchter aus Murano-Glas und schöne Textilien für Flair. Es gibt zwei barrierefreie Zimmer.

Ai due Fanali

Karte K1 ▪ Campo San Simeon Profeta, Santa Croce 946 ▪ +39 041 718 490 ▪ www.aiduefanali. com ▪ €€
Eine ehemalige Klosterschule wurde restauriert und geschmackvoll umgebaut, um Gästen hübsche Zimmer anzubieten. Nahe San Marco gibt es auch Apartments.

The Gritti Palace

Karte N6 ▪ Campo Santa Maria del Giglio, San Marco 2467 ▪ +39 041 794 611 ▪ www.thegrittipalace. com ▪ €€€
In dem Palazzo aus dem 15. Jahrhundert, wo man direkt am Canal Grande romantisch speisen kann, war auch Ernest Hemingway schon zu Gast.

Umgewandelte Palazzi

Pensione Guerrato

Karte N2 ▪ Calle Drio la Scimia, San Polo 240/A ▪ +39 041 522 7131 ▪ www.hotelguerrato. com ▪ €
Dass die Geschichte des reizenden Hauses am Ponte di Rialto bis ins Jahr 1288 zurückreicht, ist geradezu spürbar. Leider haben nicht alle Zimmer ein eigenes Bad.

Hotel Al Sole

Karte J4 ▪ Fondamenta Minotto, Santa Croce 134/136 ▪ +39 041 244 0328 ▪ www.alsolehotels. com ▪ €€
Der schöne Palazzo mit großem Foyer und Hof diente oft als Filmkulisse. Die Zimmer bieten jeden Komfort, zum Piazzale Roma ist es nicht weit.

Ca' Nigra Lagoon Resort

Karte K1 ▪ Campo San Simeon Profeta, Santa Croce 927 ▪ +39 041 524 2790 ▪ www.hotelcanigra. com ▪ €€ – €€€
Der Palazzo am Canal Grande mit den schattigen Gärten war einst ein Botschafterhaus. Die Zimmer sind modern ausgestattet. Bahnhof und Busbahnhof liegen ganz in der Nähe.

Hotel Ca' Pisani
Karte F4 ■ Rio Terrà Foscarini, Dorsoduro 979/A
■ +39 041 240 1411
■ www.capisanihotel.it
■ €€
Der umgestaltete Palazzo aus dem 15. Jahrhundert liegt nahe der Gallerie dell'Accademia. Er bietet alle erdenklichen Annehmlichkeiten und Wohlfühlambiente.

Hotel Santo Stefano
Karte M5 ■ Campo Santo Stefano, San Marco 2957
■ +39 041 520 0166
■ www.hotelsantostefano venezia.com ■ €€
Elegante Zimmer mit Extras wie Whirlpool und grandioser Aussicht warten in dem wunderbaren Gebäude, wo großer Wert auf Details gelegt wird, auf Gäste.

Locanda La Corte
Karte F3 ■ Calle Bressana, Castello 6317 ■ +39 041 241 1300 ■ www.locanda lacorte.it ■ €
Der sorgsam und stilvoll umgebaute Palazzo aus dem 16. Jahrhundert, in dem einst der Botschafter von Brescia zu Hause war, weiß mit entspannter Atmosphäre zu erfreuen. Frühstück wird im reizenden Hof serviert.

Locanda San Barnaba
Karte L5 ■ Calle del Traghetto, Dorsoduro 2785
■ +39 041 241 1233
■ www.locanda-sanbarnaba.com ■ €€
In dem ruhigen und eleganten Hotel nahe der Anlegestelle Ca' Rezzonico sind noch viele Originalfresken zu bewundern. Die wunderbaren Zimmer sind nach Stücken von Carlo Goldoni benannt.

Hotel San Cassiano
Karte N2 ■ Calle della Rosa, Santa Croce 2232
■ +39 041 524 1768
■ www.sancassiano.it ■ €€
In der schönen Ca' Favretto aus dem 16. Jahrhundert – der Palazzo am Canal Grande war im 19. Jahrhundert Heim eines Künstlers – warten elegante, mit vielen Extras ausgestattete Zimmer. Der Eingang des Hauses liegt etwas versteckt im Gassenlabyrinth von Rialto.

Ruzzini Palace
Karte R3 ■ Campo Santa Maria Formosa, Castello 5866 ■ +39 041 241 0447
■ www.ruzzinipalace.com
■ €€€
Der Palazzo aus dem 16. Jahrhundert bietet Zugang vom Wasser aus und Blick auf einen typisch venezianischen Platz. Er birgt große, mit herrlichen Fresken verzierte Räume und imposante Treppen. Die Piazza San Marco ist nur fünf Minuten entfernt.

Hotels in ruhiger Lage

Le Garzette
Lungomare Alberoni 32, Lido ■ +39 041 731 078
■ Ende Dez – Feb geschl.
■ www.legarzette.it ■ €
In dem familiengeführten Landhaus, das schön abgeschieden im Süden des Lido liegt, gibt es fünf Gästezimmer und gute bodenständige Küche.

Ca' San Marcuola
Karte C2 ■ Campiello della Chiesa, Cannaregio 1763
■ +39 041 716 048 ■ www. casanmarcuola.com ■ €
Das schlichte, aber sehr freundliche Gästehaus

bietet Zimmer mit allerlei modernen Annehmlichkeiten und liegt ganz in der Nähe einer Vaporetto-Station.

Albergo Due Mori
Contrà Do Rode 24, Vicenza ■ +39 0444 321 886
■ keine Klimaanlage
■ www.albergoduemori.it
■ €
Für Aufenthalte in Vicenza bietet dieses freundliche Haus, das in einer reizvollen Fußgängerzone unweit der Hauptsehenswürdigkeiten liegt, geräumige und hübsch gestaltete Zimmer an. Zum Bahnhof von Vicenza sind es nur zehn Minuten.

Hotel Mercurio
Karte D4 ■ Calle del Fruttariol, San Marco 2848
■ +39 041 522 09 47
■ www.hotelmercurio. com ■ €
Für die fantastische Lage im historischen Zentrum unweit der Piazza San Marco ist dieses familiengeführte Hotel außergewöhnlich ruhig. Jedes der freundlichen Zimmer bietet einen anderen Blick auf die Lagune oder die umliegenden Straßen.

Villa Ducale
Riviera Martiri della Libertà 75, Dolo ■ ACTV-Bus 53 vom Piazzale Roma ■ +39 041 560 8020 ■ www.villa ducale.it ■ €
Auf halbem Weg zwischen Padua und Venedig liegt diese prachtvolle Villa in einem schönen, mit Statuen bestückten Garten. Die überaus ansprechenden Zimmer, die mit Fresken und Kronleuchtern geschmückt sind, bieten außerdem alle erdenklichen modernen Annehmlichkeiten.

Preiskategorien siehe S. 146

Ca' Vendramin Zago

Karte D2 ■ Fondamenta Vendramin, Cannaregio 2400 ■ +39 041 275 0125 ■ www.hotelcavendramin. it ■ €€

Die behaglichen Zimmer des Palazzo aus dem 16. Jahrhundert sind prächtig gestaltet, der Frühstücksraum mit den Buntglasfenstern erinnert an Venedigs Blütezeit. Zur Strada Nova sind es nur ein paar Schritte.

Hotel Falier

Karte K4 ■ Salizada San Pantalon, Santa Croce 130 ■ +39 041 710 882 ■ www. falier.venicecityhotels.com ■ €€

Dass das Hotel nach dem wegen Verrats enthaupteten Dogen benannt ist, gilt augenzwinkernd als »Warnung für zahlungsunwillige Gäste«. Das Haus bietet helle kleine Zimmer mit Dusche und einen Hof voller Glyzinien.

Hotel Giudecca

Karte C6 ■ Corte Ferrando, Giudecca 409/C ■ +39 041 296 0168 ■ www.hotel giudeccavenezia.it ■ €€

Die Lage auf Giudecca bedeutet Ruhe vom Trubel der Stadt bei guter Anbindung ans Zentrum. Das elegante Hotel heißt auch Vierbeiner willkommen. Frühstück ist im Preis inbegriffen.

Locanda Fiorita

Karte M5 ■ Campiello Novo o dei Morti, San Marco 3457/A ■ +39 041 523 4754 ■ www.locanda fiorita.com ■ €€

Das hübsche Haus liegt in der Nähe des Campo Santo Stefano an einem sonnigen Platz. Bei schönem Wetter kann man im Freien frühstücken.

Hotels mittlerer Preisklasse

B&B Al Gallion

Karte K2 ■ Calle Gallion, Santa Croce 1126 ■ +39 041 524 4743 ■ keine Klimaanlage ■ keine Kreditkarten ■ www.algallion. com ■ €

Diese freundliche Frühstückspension liegt in bequemer Nähe zum Piazzale Roma und zur Vaporetto-Station Riva di Biasio.

B&B Al Saor

Karte P1 ■ Calle Zotti, Cannaregio 3904/A ■ +39 041 296 0654 ■ www. alsaor.com ■ €

In dem netten Haus in Familienhand genießt man sehr persönlichen Service. Wer länger als ein, zwei Nächte bleibt, wird im privaten Boot chauffiert und morgens mit hausgemachtem Gebäck verwöhnt.

Hotel Torcolo

Vicolo Listone 3, Verona ■ +39 045 800 7512 ■ um Weihnachten geschl. ■ www.hoteltorcolo.it ■ €

Kaum ein Hotel in Verona liegt so zentral wie dieses schlichte, aber einladende Haus – ganz in der Nähe der Arena. Ein zusätzliches Plus ist der Gästeparkplatz.

Locanda Ca' Zose

Karte D5 ■ Calle del Bastion, Dorsoduro 197 ■ +39 041 522 6635 ■ www. hotelcazose.com ■ €–€€

Das Haus unweit der Vaporetto-Station La Salute und der Collezione Peggy Guggenheim stammt aus dem 17. Jahrhundert. Die individuell gestalteten Gästezimmer sind ruhig und behaglich.

Hotel Rossi

Karte C2 ■ Calle Procuratie, Cannaregio 262 ■ +39 041 715 562 ■ www.rossi. venicecityhotels.com ■ €

In dem bei Familien beliebten Hotel wird Gastfreundschaft noch großgeschrieben. Das Haus in Bahnhofsnähe bietet tadellose Zimmer – viele mit schöner Aussicht – und ist daher immer recht früh ausgebucht.

Villa Giustinian

Via Miranese 85, Mirano ■ +39 041 570 0200 ■ www.villagiustinian. com ■ €

Knapp 20 Kilometer westlich der Lagunenstadt wartet eine schöne Villa aus dem 18. Jahrhundert mit ansprechenden Zimmern, Pool, Park und exzellentem Restaurant auf. Busse nach Venedig fahren alle 20 Minuten, die Fahrt dauert 40 Minuten.

Antica Locanda Al Gambero

Karte P4 ■ Calle dei Fabbri, San Marco 4687 ■ +39 041 522 4384 ■ www.locanda algambero.com ■ €€

Das Hotel liegt an einer Brücke zwischen Rialto und Piazza San Marco – ideal für Sightseeing und Shopping. Le Bistrot de Venise im Erdgeschoss ist ein beliebtes Restaurant.

Hotel Al Gazzettino

Karte Q4 ■ Calle di Mezzo, San Marco 4971 ■ +39 041 528 6523 ■ www. algazzettino.com ■ €€

Die Wände des Hotels zwischen Rialto und San Marco sind mit Seiten der Zeitung *Il Gazzettino* tapeziert – deren Redaktionsräume lagen bis zum Umzug aufs Festland im Nachbarhaus.

Novecento

Karte N6 ▪ Calle del Dose da Ponte, San Marco 2683 ▪ +39 041 241 3765 ▪ www.novecento.biz ▪ €€
Die Zimmer des netten Boutiquehotels zwischen Ponte dell'Accademia und Piazza San Marco sind behaglich und einladend, das Dekor mutet orientalisch an. Im Sommer wird das liebevoll bereitete Frühstück im Innenhof serviert.

Hostels & Camping

A&O Venezia Mestre

Via Ca' Marcello 19, Mestre ▪ +39 041 884 0990 ▪ www.aohostels.com ▪ €
Das Hotel liegt gegenüber dem Ponte della Libertà und nur wenige Gehminuten vom Bahnhof in Mestre entfernt. Es bietet neben Schlafsaalbetten auch Einzel- und Doppelzimmer. Gäste können für Wertsachen Schließfächer nutzen.

Camping Village Miramare

Lungomare Dante Alighieri 29, Punta Sabbioni ▪ +39 041 966 150 ▪ Okt – Ende März geschl. ▪ www.camping-miramare.it ▪ €
Der Campingplatz bei Punta Sabbioni – einer von vielen – ist von Venedig aus per Fähre (Linie LN) zu erreichen. Man kann Bungalows mieten, es gibt einen Supermarkt und ein Restaurant.

Camping Fusina

Via Moranzani 93, Fusina ▪ +39 041 547 0055 ▪ www.camping-fusina.com ▪ €
Am Rand der Lagune liegt diese beliebte, ganzjährig geöffnete Drei-Sterne-Anlage, die auch Wohnwagen vermietet. Zum Bahnhof Mestre fährt der Bus Nr. 11, zu Venedigs Zattere die Alilaguna-Fähre.

Casa a Colori Padova

Via del Commissario 42, Padova ▪ +39 045 680 332 ▪ www.casaacolori padova.com ▪ €
Das Hostel in Padua bietet Unterkunft diverser Art – vom Einzel- bis zum Fünfbettzimmer, aber auch Schlafsaalbetten. Hinzu kommen ein reichhaltiges Frühstück, Verkaufsautomaten und WLAN. Ins Stadtzentrum und zum Bahnhof sind es 15 Minuten mit dem Bus.

Foresteria Valdese

Karte R3 ▪ Calle Lunga Santa Maria Formosa, Castello 5170 ▪ +39 041 528 6797 ▪ www.foresteria venezia.it ▪ €
Dieses Gästehaus im Palazzo Cavagnis nahe dem Campo Santa Maria Formosa *(siehe S. 110)* wird von der Waldenser- und Methodistengemeinde geführt. Es bietet mit Fresken geschmückte Schlafsäle, Zimmer und Familienapartments. Frühes Buchen ist ratsam.

Ostello Olimpico

Viale Antonio Giuriolo 7, Vicenza ▪ nur Onlinebuchung ▪ Anfang Nov – Feb geschl. ▪ www.ostello vicenza.com ▪ €
Vicenzas freundliches Hostel liegt ganz in der Nähe des Teatro Olimpico *(siehe S. 131)*. Es bietet Internetzugang und einen Fahrradverleih. Übernachtungsgäste erhalten Nachlass in einem netten Bar-Restaurant in der Nachbarschaft.

Generator Hostel Venezia

Karte E6 ▪ Fondamenta Zitelle, Giudecca 86 ▪ +39 041 877 8288 ▪ www.staygenerator.com/hostels/venice ▪ €
Das Hostel in schöner Lage auf Giudecca erreicht man vom Bahnhof mit dem *vaporetto* (Nr. 82) in 35 Minuten. Zur Piazza San Marco sind es nur fünf Minuten. Hier kann man preiswert essen.

Ostello della Gioventù Verona

Via Santa Chiara 10, Verona ▪ +39 045 590 360 ▪ www.ostelloverona.it ▪ €
Veronas Jugendherberge ist in einem mittelalterlichen Gebäude nahe dem Teatro Romano untergebracht und verfügt über einen schönen Garten. Zum Bahnhof ist es nicht weit.

Ostello Santa Fosca

Karte D2 ▪ Fondamenta Canal, Cannaregio 2372 ▪ +39 041 715 775 ▪ www.ostellosantafosca.it ▪ €
Das Studentenwohnheim, einst ein Kloster, vermietet Betten an Rucksackurlauber. Im Sommer gibt es für Gäste auch Kochgelegenheiten.

Venezia Camping Village

Karte G1 ▪ Via Orlanda 8/C, Mestre ▪ +39 041 531 2828 ▪ www.venezia village.it ▪ €
Auf dem Campingplatz in Mestre kann man auch Bungalows mieten. Zur Anlage gehören tadellose Sanitärgebäude und Gemeinschaftshäuser, ein Schwimmbad und eine Sauna. Mit dem Bus ist man in fünf Minuten am Piazzale Roma.

Textregister

Seitenangaben in **fetter Schrift** verweisen auf Haupteinträge.

Bildnachweis & Impressum

Autorin

Gillian Price, 1953 in England geboren, wuchs in Sydney, Australien, auf und übersiedelte 1981 nach Venedig. Sie verfasste neun Bücher über Italien und arbeitet seit 1998 an den Reiseführern von Dorling Kindersley mit. Ergänzende Texte stammen von Kate Hughes.

DK London

Lektorat Georgina Dee, Vivien Antwi, Parnika Bagla, Michelle Crane, Rebecca Flynn, Rachel Fox, Freddie Marriage, Fíodhna Ní Ghríofa, Scarlett O'Hara, Adrian Potts, Sally Schafer, Sands Publishing Solutions, Charles Hebbert, Helen Peters

Gestaltung und Bildredaktion Phil Ormerod, Richard Czapnik, Sunita Gahir, Bharti Karakoti, Jason Little, George Nimmo, Azeem Siddiqui, Susie Peachey, Ellen Root, Lucy Sienkowska, Oran Tarjan

Kartografie Zafar ul Islam Khan, Suresh Kumar, Casper Morris

Fotos Demetrio Carrasco

Illustrationen Chris Orr & Partne

Herstellung Linda Dare

Die Erstauflage wurde realisiert von Book Creation Services Ltd, London

Weitere Fotos Demetrio Carrasco, John Heseltine, Anna Mockford, Roger Moss, William Reavell, Rough Guides/Michelle Grant, Rough Guides/James McConnachie, Rough Guides/Martin Richardson

Überarbeitungen Avanika, Marta Bescos, Cristina Dainotto, Federico Damonte, Nayan Keshan, Sumita Khatwani, Shikha Kulkarni, Chhavi Nagpal, Bandana Paul, Kanika Praharaj, Rada Radojicic, Pamela Santini, Rituraj Singh, Beverly Smart, Manjari Thakur, Priyanka Thakur, Stuti Tiwari, Åsa Westerlund, Tanveer Zaidi

Natasha Breen 36/37, Nikonaft 123ur, Andrey Omelyanchuk 13mlu, Carlos Sanchez Pereyra 118mru, Phant 4mlo, Valeriya Potapova 94/95, Tom Ricciardi 48ml, Rndmst 45or, Sandyprints 77or, Sborisov 24ul, 28/29, Jozef Sedmak 83ul, 99ol, 105 mlu, Sindorei 109mro, Paula Stanley 74ol, Stevanzz 3or, 7ml, 16m, 35u, 136/137, Stokkete 101m, Christophe Testi 112or, Rachel Thomas 112or, Giovanni Triggiani 27mlo, Niko Vukelic 3ol, 78/79, Tosca Weijers 130m, Shawn Williams 130ur, Oleg Znamenskiy 90ul, 96ol, 117mro.

Enoteca do Colonne 70ur.

Enoteca Mascareta 113mr.

Fondazione Musei Civici di Venezia
Ca' Pesaro – Galleria Internazionale d'Arte Moderna, *Il Novembre* (1870) von Telemaco Signorini 57ul; Ca' Rezzonico – Museo del Settecento Veneziano, Scalone d'onore (1753–56) von Giorgio Massari 24ur; Museo Correr 57mlo, Mark Edward Smith 22ul, *Orfeus* (1775/76) von Antonio Canova, Foto: Mark Edward Smith 22mo; Museo Storico Navale 57mr, Museo del Vetro, Murano, Glasschale (1878), Compagnia Venezia Murano 56um; Palazzo Ducale 16ul; Palazzo Fortuny – Galleria Traghetto Venezia, *Shadows* von Anne-Karin Furunes, Foto: Mark Edward Smith 83mlo.

Fondazione Teatro La Fenice Michele Crosera 64ol, 64ul, 81ur.

Gems of Venice 92ur.

Getty Images Awakening 65mlu, DEA/Dagli Orti 52um DEA/F. Ferruzzi 11ol, DeAgostini 30/31, 33mr, 36ml, Fine Art Images/Heritage Images 30mlu, German Select/Gisela Schober 68o, Picture Pos/Kurt Hutton 53mlo, Mats Silvan 25ol.

Harry's Dolci 127mro.

iStockphoto.com Marcus Lindstrom 12ml.

L'Isola – Carlo Moretti 84mlo.

La Caravella 87mru.

Lineadombra 101mr.

Luigi Bevilacqua 72ul.

Madera 100mr.

Muro Venezia San Stae 93or.

Museo della Musica 74ur.

Museo di Storia Naturale 62um.

Ostaria Da Rioba 107mro.

Osteria Bancogiro 93mo.

Palazzo Grassi S.p.A Thomas Mayer 98ur.

Palazzo Mocenigo 90mro.

Robert Harding Picture Library age fotostock Doug Scott 77u, Dr. Wilfried Bahnmüller 20ml, Peter Barritt 24mlo, Neil Emmerson 4mro, 21ol, Lee Frost 4mlu, Sabine Lubenow 11mro, 34mlo, Harrison Neil 21mru, Massimo Pizzotti 11or, Roy Rainford 4ml, Tetra Images 4mru, 18m, Guy Thouvenin 11mru.

Signor Blum 100mlu.

Studio Codex Venetia 106or.

Tragicomica 92ml.

Trattoria Alla Maddalena 121mro.

Venetia Studium 85om.

Venturini Souvenirs 126mru.

Umschlag
Vorderseite und Buchrücken:
Dreamstime.com Minnystock.
Rückseite:
Dreamstime.com Robyn Mackenzie.

Extrakarte
Dreamstime.com Minnystock.

Alle anderen Bilder
© Dorling Kindersley.
Weitere Informationen unter
www.dkimages.com.

DK | Penguin Random House

Titel der englischen Originalausgabe
DK Eyewitness Top 10 Venice

© Dorling Kindersley Limited, London, 2002, 2021
Ein Unternehmen der
Penguin Random House Group
Alle Rechte vorbehalten

Text © Gillian Price

© der deutschsprachigen Ausgabe by Dorling Kindersley Verlag GmbH, München, 2002, 2021
Ein Unternehmen der
Penguin Random House Group
Alle deutschsprachigen Rechte vorbehalten

Aktualisierte Neuauflage 2022/2023

Programmleitung Monika Schlitzer, DK Verlag
Redaktionsleitung Stefanie Franz, DK Verlag
Übersetzung Martina Bauer, Wien; Linde Wiesner, München
Redaktion Birgit Lück, Augsburg
Schlussredaktion Svenja Conrad, Bremen
Satz & Produktion DK Verlag
Druck RR Donnelley Asia Printing Solutions Ltd., China

ISBN 978-3-7342-0645-0
11 12 13 14 24 23 22 21

FSC
MIX
Papier aus verantwortungsvollen Quellen
www.fsc.org **FSC® C018179**

Sprachführer Italienisch

Notfälle

Hilfe!	Aiuto!
Stopp!	Fermate!
Rufen Sie …	Chiama …
einen Arzt!	un medico!
einen Kranken-wagen!	un' ambulanza!
die Polizei!	la polizia!
die Feuerwehr!	i pompieri!

Grundwortschatz

Ja	Sì
Nein	No
Bitte	Per favore
Danke	Grazie
Entschuldigung	Mi scusi
Guten Tag	Buon giorno
Auf Wiedersehen	Arrivederci
Guten Abend	Buona sera
Was?	Quale?
Wann?	Quando?
Warum?	Perchè?
Wo?	Dove?

Nützliche Redewendungen

Wie geht's?	Come sta?
Sehr gut, danke.	Molto bene, grazie.
Ich freue mich, Sie kennen-zulernen.	Piacere di conoscerla.
In Ordnung.	Va bene.
Wo ist/sind …?	Dov'è/ Dove sono …?
Wie komme ich nach …?	Come faccio per arrivare a …?
Sprechen Sie Deutsch?	Parla tedesco?
Sprechen Sie Englisch?	Parla inglese?
Ich verstehe nicht.	Non capisco.
Es tut mir leid.	Mi dispiace.

Shopping

Wie viel kostet das?	Quant'è, per favore?
Ich möchte …	Vorrei …
Haben Sie …?	Avete …?
Nehmen Sie Kreditkarten?	Accettate carte di credito?
Wann öffnen/ schließen Sie?	A che ora apre/ chiude?
das hier	questo
das dort	quello
teuer	caro
billig	a buon prezzo
Kleidergröße	la taglia
Schuhgröße	il numero
weiß	bianco

schwarz	nero
rot	rosso
gelb	giallo
grün	verde
blau	blu
braun	bruno / marrone
Apotheke	la farmacia
Bäckerei	il forno / il panificio
Bank	la banca
Buchladen	la libreria
Eisdiele	la gelateria
Feinkostladen	la salumeria
Friseur	il parrucchiere
Kaufhaus	il grande magazzino
Konditorei	la pasticceria
Lebensmittelladen	l'alimentari
Markt	il mercato
Postamt	l'ufficio postale
Reisebüro	l'agenzia di viaggi
Supermarkt	il supermercato
Tabakladen	il tabaccaio
Zeitungskiosk	l'edicola

Sightseeing

Bahnhof	la stazione
Basilika	la basilica
Bushaltestelle	la fermata dell'autobus
Garten	il giardino
Kirche	la chiesa
Kunstgalerie	la pinacoteca
Museum	il museo
Tourismusbüro	l'ufficio di turismo
wegen Ferien geschlossen	chiuso per le ferie

Im Hotel

Haben Sie Zimmer frei?	Avete camere libere?
Doppelzimmer mit Doppelbett	una camera doppia con letto matrimoniale
Doppelzimmer mit zwei Betten	una camera con due letti
Einzelzimmer	una camera singola
Zimmer mit Bad/Dusche	una camera con bagno/doccia
Ich habe reserviert.	Ho fatto una prenotazione.

Im Restaurant

Haben Sie einen Tisch für …?	Avete un tavolo per …?
Ich möchte einen Tisch reservieren.	Vorrei riservare un tavolo.
Frühstück	colazione
Mittagessen	pranzo
Abendessen	cena

Die Rechnung, bitte.	Il conto, per favore.
Kellner/in	cameriere/cameriera
Tagesmenü	il menù
(zum Festpreis)	a prezzo fisso
Tagesgericht	piatto del giorno
Vorspeise	antipasto
erster Gang	il primo
Hauptgericht	il secondo
Beilagen	i contorni
Dessert	il dolce
Gedeck	il coperto
Weinkarte	la lista dei vini
Glas	il bicchiere
Flasche	la bottiglia
Messer	il coltello
Gabel	la forchetta
Löffel	il cucchiaio

Auf der Speisekarte

l'acqua minerale	Mineralwasser
gassata/naturale	mit/ohne
	Kohlensäure
agnello	Lamm
aglio	Knoblauch
al forno	gebacken
alla griglia	gegrillt
arrosto	gebraten
la birra	Bier
la bistecca	Steak
il burro	Butter
il caffè	Kaffee
la carne	Fleisch
carne di maiale	Schweinefleisch
la cipolla	Zwiebel
i fagioli	Bohnen
il formaggio	Käse
le fragole	Erdbeeren
il fritto misto	Grillteller
la frutta	Obst
frutti di mare	Meeresfrüchte
i funghi	Pilze
i gamberi	Krebse
il gelato	Eiscreme
l'insalata	Salat
il latte	Milch
lesso	gekocht
il manzo	Rindfleisch
l'olio	Öl
il pane	Brot
le patate	Kartoffeln
le patatine fritte	Pommes frites
il pepe	Pfeffer
il pesce	Fisch
il pollo	Huhn
il pomodoro	Tomate
il prosciutto	Schinken
cotto/crudo	gekocht/geräuchert
il riso	Reis

il sale	Salz
la salsiccia	Wurst
succo d'arancia/	Orangen-/
di limone	Zitronensaft
il tè	Tee
la torta	Kuchen/Torte
l'uovo	Ei
vino bianco	Weißwein
vino rosso	Rotwein
il vitello	Kalbfleisch
le vongole	Muscheln
lo zucchero	Zucker
la zuppa	Suppe

Zahlen

1	uno/una
2	due
3	tre
4	quattro
5	cinque
6	sei
7	sette
8	otto
9	nove
10	dieci
11	undici
12	dodici
13	tredici
14	quattordici
15	quindici
16	sedici
17	diciassette
18	diciotto
19	diciannove
20	venti
30	trenta
40	quaranta
50	cinquanta
60	sessanta
70	settanta
80	ottanta
90	novanta
100	cento
1000	mille
2000	duemila
1 000 000	un milione

Zeit

eine Minute	un minuto
eine Stunde	un'ora
ein Tag	un giorno
Montag	lunedì
Dienstag	martedì
Mittwoch	mercoledì
Donnerstag	giovedì
Freitag	venerdì
Samstag	sabato
Sonntag	domenica

Verzeichnis der wichtigsten Straßen